九州横断特急・あそ・あそぼーい！・かわせ
みやませみ：熊本～宮地・別府
A列車で行こう：熊本～三角
海幸山幸：宮崎～南郷
指宿のたまて箱：鹿児島中央～指宿

■四国地域／JR・第三セクター線特急
　列車運行区間
しおかぜ：岡山～松山
いしづち：高松～松山など
モーニングEXP高松：伊予西条～高松
モーニングEXP松山：新居浜～松山
宇和海：松山～宇和島
伊予灘ものがたり：松山～伊予大洲・八幡浜
南風：岡山～高知
しまんと：高松～高知・中村
あしずり：高知～中村・宿毛
四国まんなか千年ものがたり：多度津～大歩危
志国土佐時代の夜明けのものがたり：高知～窪川・高知～奈半利
うずしお：岡山・高松～徳島
むろと：徳島～牟岐・阿波海南
剣山：徳島～阿波池田
サンライズ瀬戸：東京～高松

■中国地域／JR・第三セクター線特急
　列車運行区間
スーパーおき・スーパーまつかぜ：鳥取～益田・新山口
やくも：岡山～出雲市
スーパーいなば：岡山～鳥取
サンライズ出雲：東京～出雲市

■□□□□□□
□□□□□
まい□□□
はしだて・たんごリレー：京都・福知山～天橋立・豊岡
きのさき：京都～福知山・城崎温泉など
こうのとり：新大阪～福知山・城崎温泉など
スーパーはくと：京都～鳥取・倉吉
はまかぜ：大阪～豊岡・城崎温泉・香住・鳥取

■近畿地域／JR・第三セクター線特急
　列車運行区間
らくラクはりま：新大阪～姫路
くろしお：京都・新大阪～白浜・新宮など
はるか：野洲・草津・京都～関西空港
らくラクびわこ：米原・草津・京都～大阪
らくラクやまと：新大阪～奈良

■近畿地域／私鉄特急列車運行区間
●京阪電気鉄道
快速特急・特急：淀屋橋～出町柳など

●近畿日本鉄道
ひのとり：大阪難波～近鉄名古屋
しまかぜ：大阪難波・京都・近鉄名古屋～賢島
青の交響曲・さくらライナー：大阪阿倍野橋～吉野
あおによし：大阪難波～近鉄奈良～京都

●南海電気鉄道・泉北高速鉄道
ラピート：なんば～関西空港
こうや・りんかん：なんば～橋本・極楽橋
サザン：なんば～和歌山市・和歌山港
泉北ライナー：なんば～泉中央

歴代新幹線全車両カタログ

ハロー・キティ新幹線

500系
保有会社：JR西日本
運行路線：山陽新幹線
営業開始日：1997年3月22日
最高速度：285km/h（16両編成時代は300km/h）

500系は戦闘機のようなデザインでハローキティ新幹線としても人気の車両。2010年まで16両編成で「のぞみ」に運用。現在は8両編成に短縮されて山陽新幹線「こだま」に運用されています。

700系7000番代
保有会社：JR西日本
運行路線：山陽新幹線
営業開始日：2000年3月11日
最高速度：285km/h

700系は1999年に300系の次世代形式として16両編成でデビュー。2000年には山陽新幹線の「ひかりレールスター」専用の8両編成の7000番代が登場。16両編成は引退し、7000番代は活躍中です。

いま、走っている新幹線車両

800系0番代

新800系とよばれる1000・2000番代

800系
保有会社：JR九州
運行路線：九州新幹線
営業開始日：2004年3月13日
最高速度：260km/h

800系は九州新幹線の新八代駅〜鹿児島中央駅間の暫定開業に合わせて登場。JR西日本の700系7000番代をベースに開発。1000・2000番代は新800系とよばれ、ライトのデザインが異なります。

N700系
保有会社：JR東海・JR西日本
運行路線：東海道新幹線・山陽新幹線
営業開始日：2007年7月1日
最高速度：300km/h

N700系は700系の次世代形式として登場。強力な加速性能で東海道新幹線のスピードアップに貢献。2013年に発展型のN700Aが登場し、以後N700系全車はそれに合わせた機器を改造搭載してN700スモールAとよばれるようになりました。

N700A

保有会社：JR東海・JR西日本
運行路線：東海道新幹線・山陽新幹線
営業開始日：2013年2月8日
最高速度：300km/h

N700AはN700系の発展型。乗り心地や車内の静かさ、省エネ性能などが向上。東海道新幹線の車両がすべてN700A（スモールA含む）になり、新横浜駅〜新大阪駅間の最高速度が270km/hから285km/hに向上。

N700系九州新幹線直通用

保有会社：JR西日本・JR九州
運行路線：山陽新幹線・九州新幹線
営業開始日：2011年3月12日
最高速度：300km/h

N700系九州新幹線直通用車両は九州新幹線全線開業に合わせて、山陽新幹線との直通運転用に登場した形式。性能とデザインはN700系と基本的に同じですが、8両編成で車体色が薄青色なのが特徴。

N700S

保有会社：JR東海・JR西日本
運行路線：東海道新幹線・山陽新幹線
営業開始日：2020年7月1日
最高速度：300km/h

N700SはN700の名が付くが新形式車両。ライトが横方向に大きくなって顔の印象も変化。N700Aからさらに乗り心地や省エネ性能などが向上。2026年度から個室グリーン車も導入される予定です。

いま、走っている新幹線車両

N700S 8000番代
保有会社：JR九州
運行路線：西九州新幹線
営業開始日：2022年9月23日
最高速度：260km/h

N700Sは簡単に編成車両数を短くできるのが特徴で、それを生かして登場したのがこの西九州新幹線用のN700S8000番代。編成は6両編成で、JR九州のコーポレートカラーである赤を配した塗色が特徴です。

E2系1000番代
保有会社：JR東日本
運行路線：東北新幹線
営業開始日：2002年12月2日
最高速度：275km/h

E2系0番代は1997年登場し、すでに引退。E2系1000番代は東北新幹線の八戸開業に合わせて登場。現役なのは2009年以降に製造された後期型で、東北新幹線の東京駅〜仙台駅間で運用されています。

2014年に登場した現行塗色は、山形県出身の世界的工業デザイナー奥山清行氏の手によるもの

2014年より現行塗色が登場し、シルバーベースのつばさ塗色は2016年を最後に消滅したが、2023年に1編成が復活した

E3系2000番代

保有会社：JR東日本
運行路線：東北新幹線・山形新幹線
営業開始日：2008年12月20日
最高速度：275km/h

E3系はミニ新幹線用車両で、秋田新幹線用の0番代、山形新幹線用の1000番代と2000番代の3種類が製造され、現在も活躍するのは2000番代だけ。2000番代の特徴はヘッドライトが丸みを帯びていることです。

E5系

保有会社：JR東日本
運行路線：東北新幹線・北海道新幹線
営業開始日：2011年3月5日
最高速度：320km/h

E5系はE2系に代わる東北新幹線の中心となる形式として登場。国内最速の320km/h運転を実施し、グリーン車より上級のグランクラスを初めて採用した車両でもあります。また、ノーズの長さ15mは日本一。

いま、走っている新幹線車両

E6系

保有会社：JR東日本
運行路線：東北新幹線・秋田新幹線
営業開始日：2013年3月16日
最高速度：320km/h

E6系は、E5系の登場により、東京駅～盛岡駅間で併結運転する秋田新幹線用車両の高速化も必要になったことから誕生。ミニ新幹線車両ながら320km/h走行が可能で、鮮やかな赤を配したデザインが人気です。

E7系

保有会社：JR東日本
運行路線：東北新幹線（東京駅～大宮駅間）・上越新幹線・北陸新幹線
営業開始日：2014年3月15日
最高速度：275km/h

E7系は北陸新幹線金沢駅延伸開業に合わせて開発され、開業前の2014年にデビューしました。E5系に続いてグランクラスを採用し、青を基調としたスタイリッシュなデザインが人気。2019年から2021年まで、上越新幹線に朱鷺色の特別仕様の編成がありました。

上／オリジナル塗色。下／ピンクのストライプが追加され、朱鷺をイメージしたロゴが付けられた朱鷺色編成

いま、走っている新幹線車両

W7系
保有会社：JR西日本
運行路線：東北新幹線（東京駅～大宮駅間）・上越新幹線（大宮駅～高崎駅間）・北陸新幹線
営業開始日：2015年3月14日
最高速度：275km/h

W7系は北陸新幹線金沢開業に合わせて登場したJR西日本の形式で、外観や性能、そして車内設備もE7系と同一。上越新幹線でも運用されているE7系に対して、北陸新幹線専用形式となっています。

H5系
保有会社：JR北海道
運行路線：東北新幹線・北海道新幹線
営業開始日：2016年3月26日
最高速度：320km/h

北海道新幹線の新函館北斗駅開業に合わせて登場。仕様はE5系と同一だが、車体帯の色（H5系は紫色、E5系はピンク色）、先頭車のロゴマーク、内装の一部デザインが異なります。

E8系
保有会社：JR東日本
運行路線：東北新幹線・山形新幹線
営業開始日：2024年3月16日
最高速度：300km/h

E8系はE3系2000番代の次世代形式として、そして山形新幹線のスピードアップを目的に登場。東北新幹線で300km/h走行を実施。2026年春までにすべてのE3系2000番代をE8系に置き換える予定。

8

引退した新幹線車両

※引退日は定期運行終了日を記載

0系
営業開始日：1964年10月1日
引退日：2008年11月30日
保有会社：日本国有鉄道・JR東海・JR西日本
運行路線：東海道新幹線・山陽新幹線
最高速度：220km/h

記念すべき新幹線最初の形式。団子っ鼻の愛嬌のあるスタイルは新幹線の象徴でもありました。44年もの長きにわたって活躍した新幹線形式は0系だけです。

青とアイボリーの塗色は、現在の東海道新幹線にも受け継がれている　写真：南　正時

1988年登場のJR西日本「ウエストひかり」窓下に青帯が追加された　写真：南　正時

500系に合わせた灰色ベースのJR西日本塗色は2002年に登場

0系の前面形状に似ているが、ノーズは長くなった

200系
営業開始日：1982年6月23日
引退日：2013年3月15日
保有会社：日本国有鉄道・JR東日本
運行路線：東北新幹線・上越新幹線・北陸新幹線
最高速度：240km/h（トンネルの下り坂で275km/h運転を一時期実施）

東北・上越新幹線用に製造された形式。0系に似たデザインながらグリーンラインが入り、スノープラウをはじめとする雪と寒さに強い構造を持っていました。

1987年に登場した100系と同様のシャークノーズ先頭車

1999年からのリニューアルで運転台の窓が曲面ガラスになり塗色も変更

2007年に復活したオリジナル塗色

100系

営業開始日：1985年10月1日
引退日：2012年3月14日
保有会社：日本国有鉄道・JR東海・JR西日本
運行路線：東海道新幹線・山陽新幹線
最高速度：230km/h（JR西日本のV編成）

つり目ライトのするどいノーズはシャークノーズとよばれた

2階建て車両が4両組み込まれたJR西日本のV編成「グランドひかり」

国鉄（日本国有鉄道）時代に製造された最後の新幹線形式。シャークノーズとよばれた先頭車デザインが特徴でした。快適性が重視され、中間に2階建て車両を組み込んで食堂や個室グリーン室、カフェテリアなどを営業していました。

晩年は山陽新幹線で4両編成、6両編成で運用。2002年からJR西日本塗色に

塗色変更なく20年間活躍した

300系

営業開始日：1992年3月14日
引退日：2012年3月13日
保有会社：JR東海・JR西日本
運行路線：東海道新幹線・山陽新幹線
最高速度：270km/h

伸び悩んでいた東海道・山陽新幹線の最高速度を劇的に向上させた形式。停車駅の少ない速達列車「のぞみ」は、この300系によって運行が始まりました。

シルバーメタリックで窓下に細い緑帯が入ったデビュー当時の塗色

400系

営業開始日：1992年7月1日
引退日：2010年4月18日
保有会社：JR東日本
運行路線：東北新幹線・山形新幹線
最高速度：240km/h

JR東日本最初のミニ新幹線の形式。在来線規格の小型サイズの車体は100系に似たフォルムで、走行装置は200系がベースになっていました。

E3系のデザインに合わせたリニューアル塗色

引退した新幹線車両

E1系

営業開始日：1994年7月15日
引退日：2012年9月28日
保有会社：JR東日本
運行路線：東北新幹線・上越新幹線
最高速度：240km/h

新幹線初のオール2階建て12両編成の形式で愛称は「MAX」。新幹線通勤にも対応した車両で、ラッシュ時に適した3＋3の6列シートも装備されていました。

E1系デビュー当時のオリジナル塗色

2003年リニューアルで登場した朱鷺色

E4系のオリジナル塗色。8両＋8両併結運転中

E4系

営業開始日：1997年12月20日
引退日：2021年10月1日
保有会社：JR東日本
運行路線：東北新幹線・上越新幹線
最高速度：240km/h

E1系と同じオール2階建てで、8両編成にして運用効率を向上させた形式。E4系同士や他形式との併結運転が可能で、E4系16両編成の座席数は高速鉄道世界一でした。

2014年に登場したE1系同様の朱鷺色ラインの新塗色

豆知識！ 0系の次に登場した新幹線が100系ではなく200系になった理由

実は0系という車両形式名は、1964年の東海道新幹線開業時には存在しませんでした。当時の新幹線は東海道新幹線だけで、車両も1種類だけだったからです。

しかし、山陽新幹線に続いて東北・上越新幹線の建設が決定すると、北国を走る新幹線には雪に強い車両が必要になりました。ここで初めて2種類目の車両が登場することになり、東海道・山陽新幹線の車両と区別するために、新幹線車両にも形式名が付くことになったのです。

東海道・山陽新幹線の車両は、初代の意味も込めて0系とされました。その後登場する東海道・山陽新幹線の車両は、最初の数字が奇数の3ケタの形式とされます。そして他の路線用の車両は、最初の数字が偶数の3ケタの形式とされます。こうして0系の次に登場した東北・上越新幹線用の車両は、100系ではなく200系になったのです。

さあ、クイズの旅のはじまりだぞ

青い特急形車両と車両名を正しくむすぼう。

① ― 京都丹後鉄道KTR8000形「特急はしだて・まいづる・たんごリレー」

② ― JR九州883系「ソニック」

③ ― 南海電鉄50000系「ラピート」

※答えは、P108にあります

特急列車クイズ

赤い特急形車両と車両名を正しくむすぼう。

① ● ● 小田急電鉄70000形GSE
② ● ● 近畿日本鉄道80000系「ひのとり」
③ ● ● JR九州キハ185系「あそ」

※答えは、P108にあります

クイズ 003

シルバー、オレンジ、グリーンの特急形車両と車両名を正しくむすぼう。

① ● ― ● JR九州キハ71・72系「ゆふいんの森」

② ● ― ● JR九州783系「ハウステンボス」

③ ● ― ● 西武鉄道001系ラビュー

①

②

③

どの車両も乗って楽しくなるデザインだ

※答えは、P109にあります

特急列車クイズ

クイズ 004

国鉄形特急電車の最後の定期列車として、2024年6月まで活躍した381系「やくも」。1982年からの42年間で4つの車体色が導入されたが、その歴代色と写真を正しくむすんでみよう。

① ● ● 「ゆったりやくも色」
② ● ● 「緑やくも色」
③ ● ● 「スーパーやくも色」
④ ● ● 「国鉄色」

※答えは、P109にあります

クイズ 005

小田急電鉄のロマンスカーで地下鉄に乗り入れる車両がある。その車両はなに？

1＝50000形VSE　2＝60000形MSE
3＝70000形GSE

ボディの色は「フェルメールブルー」

クイズ 006

JR、私鉄を含めて現役最年長の特急形車両はどれ？

1＝南海電鉄30000系　2＝近畿日本鉄道16000系　3＝キハ185系

クイズ 007

2024年時点で、JR特急形車両（1987年のJRグループ誕生後に製造された車両）で一番古い車両はなに？

1＝JR北海道785系
2＝JR四国8000系
3＝JR九州783系

※答えは、P110にあります

クイズを解くために
知っておきたい鉄道用語

■車両形式とは？

　鉄道車両は、使用目的に応じて様々なバリエーションがあります。たとえば通勤に特化した通勤形車両、ゆったりと座って旅ができる特急形車両、新幹線用の車両、地下鉄用の車両などです。さらに最新型から40年以上使用される古い車両まで、様々な年代の車両が走っていることから、鉄道界には数え切れないほどの車両が存在します。

　これらを区別するために付けられたものが車両形式です。車両形式の付け方は鉄道会社ごとにルールがあり、JR東日本の車両は頭にEが付き（E5系、E233系など）、私鉄などは4ケタや5ケタの数字が使われることが多いです（阪急電鉄9300系、小田急電鉄70000形など）。また、末尾の「系」や「形（けい・がた）」は、車両系統を意味するものとして必ず付けられます。

■列車名とは？

　列車名は、「のぞみ」「あずさ」といった、主に新幹線や特急列車に付けられる名前で、愛称名とも言います。複数運転される列車には号数が付けられ（「のぞみ」7号、「あずさ」4号など）、その数字は下り列車は奇数、上り列車は偶数になっています。

■下り列車、上り列車とは？

　東京駅から地方に向けて出ていく列車を下り列車、地方から東京駅に向かってくる列車を上り列車と区別したのが起源です。現在は、東京駅を経由しない路線も数多くあることから、大きな拠点駅から出ていく列車を下り列車としています。

■路線とは？

　正確には鉄道路線。むずかしく言うと、起点と終点を結ぶ線路が敷かれた部分の名称です。簡単に言えば、鉄道が運転されている区間を指すもので、すべての路線に名称があります。JRの路線の代表的な例は山手線、大阪環状線、東海道新幹線などで、東武東上線や近鉄大阪線などは私鉄の路線となります。

日本一周 鉄道クイズの旅
新幹線と特急列車編　もくじ

- ■表紙裏（前・後）
  - 新幹線・列車運行区間
  - 特急列車・列車運行区間
- ■カラーページ
  - 歴代新幹線全車両カタログ
  - いま、走っている新幹線車両 …… 2
  - 引退した新幹線車両 ……………… 9

特急列車

車両
- クイズ　1〜7 ……………… 12
- 答え　1〜7 ……………… 108

- ■モノクロページ
  - クイズを解くために知っておきたい鉄道用語 …………… 17
  - はじめに …………………… 20
  - この本の使い方 …………… 21

  - 新幹線・特急列車の運行路線図 … 22

新幹線

地理といちばん
- クイズ　8〜13 ……………… 22
- 答え　8〜13 ……………… 111

いちばん
- クイズ　14〜19 …………… 28
- 答え　14〜19 …………… 30
- クイズ　20〜25 …………… 32
- 答え　20〜25 …………… 34

コラム
在来線から引き継がれた列車名 …… 36

併結運転
- クイズ　26〜28 …………… 37
- 答え　26〜28 …………… 39

コラム
併結運転で効率の良い運用を実現 … 37

スピード
- クイズ　29〜33 …………… 40
- 答え　29〜33 …………… 42
- クイズ　34〜38 …………… 44
- 答え　34〜38 …………… 46

コラム
歴代新幹線最高速度ランキング …… 48

雑学

- クイズ 39〜43 ……… 50
- 答え 39〜43 ……… 52
- クイズ 44〜49 ……… 54
- 答え 44〜49 ……… 56
- クイズ 50〜54 ……… 58
- 答え 50〜54 ……… 60

地理

- クイズ 55〜60 ……… 62
- 答え 55〜60 ……… 64
- クイズ 61〜65 ……… 66
- 答え 61〜65 ……… 68

車両

- クイズ 66〜70 ……… 70
- 答え 66〜70 ……… 72

コラム
歴代新幹線ノーズ長ランキング …… 74

路線の歴史

- クイズ 71〜76 ……… 76
- 答え 71〜76 ……… 78
- クイズ 77〜82 ……… 80
- 答え 77〜82 ……… 82

特急列車

いちばん

- クイズ 83〜88 ……… 84
- 答え 83〜88 ……… 86
- クイズ 89〜91 ……… 88
- 答え 89〜91 ……… 90

路線

- クイズ 92〜94 ……… 89
- 答え 92〜94 ……… 91
- クイズ 95〜99 ……… 92
- 答え 95〜99 ……… 94
- クイズ 100〜105 ……… 96
- 答え 100〜105 ……… 98

車両

- クイズ 106〜110 ……… 100
- 答え 106〜110 ……… 102

歴史

- クイズ 111〜116 ……… 104
- 答え 111〜116 ……… 106

はじめに

　鉄道は、子どものころに一度は好きになる乗りものです。大好きなままおとなになり、鉄道に関係する仕事につく人、そして鉄道に関係のない仕事をしていても趣味として鉄道を楽しみ、人生を豊かにしている人もたくさんいます。たとえ途中で興味がなくなってしまっても、大好きだった時に覚えた知識は完全に忘れることはなく、日常生活の中で大いに役立つこともあります。

　クイズ形式の本書は、楽しみながら、そして考えながら鉄道の様々な知識を覚えていくことができます。鉄道のことをあまり知らなくても、正解にたどり着けるヒントが車両カタログや地図、列車運行区間解説、鉄道博士のふきだしなどに散りばめられています。

　クイズを解くのも楽しいですが、答えの補足説明や「豆知識」を読んでみると、あなたの鉄道知識がより深いものになっていきます。

　『日本一周 鉄道クイズの旅』第1巻は、日本中に路線網を広げる新幹線や特急列車にまつわる内容です。クイズを解きながら地理、路線や列車の歴史と特徴、車両、鉄道技術、そして鉄道旅の楽しみ方などを伝えていきます。

編集部

●本書のデータは2024年7月末現在

この本の使い方

ここに書いてあることは、本の使い方というだけではない。ヒントや解答を見つける方法も書いてあるから、クイズを始める前にはかならず読もう！

1 クイズのページの次のページに、答えのページがある。ただし、P12-16（カラーページ）とP22-27（地図ページ）の答えはP108-111にある。

2 P22-27に掲載している新幹線路線図と全駅、特急列車が走る在来線路線図の中からヒントを頼りに答えを探してみよう。

3 3択クイズや○×クイズは知識とヒント、そして勘が勝負！

4 むずかしい問題には、超難問やちょい難問のマークがついている。むずかしい問題でも、ヒントがある場合、マークはつかない。

5 クイズはジャンル別になっていて、ページごとにジャンルを書いている。ジャンルは、「地理」「いちばん」「併結運転」「スピード」「雑学」「車両」「路線」「歴史」である。

6 列車の運行区間は表紙をめくったページに紹介している。

7 豆知識では、クイズにかかわる、ちょっとくわしくなれる知識を紹介。クイズのページにある豆知識はヒントになることもある。

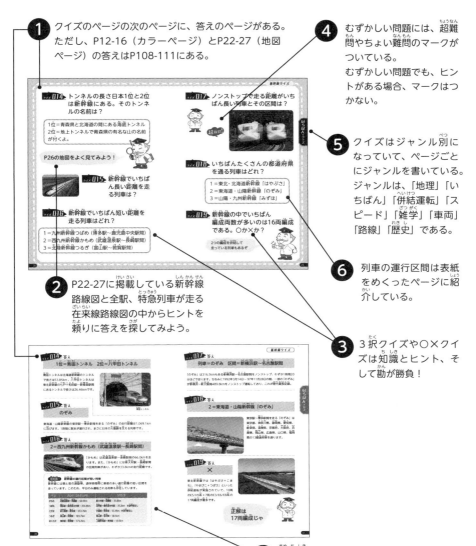

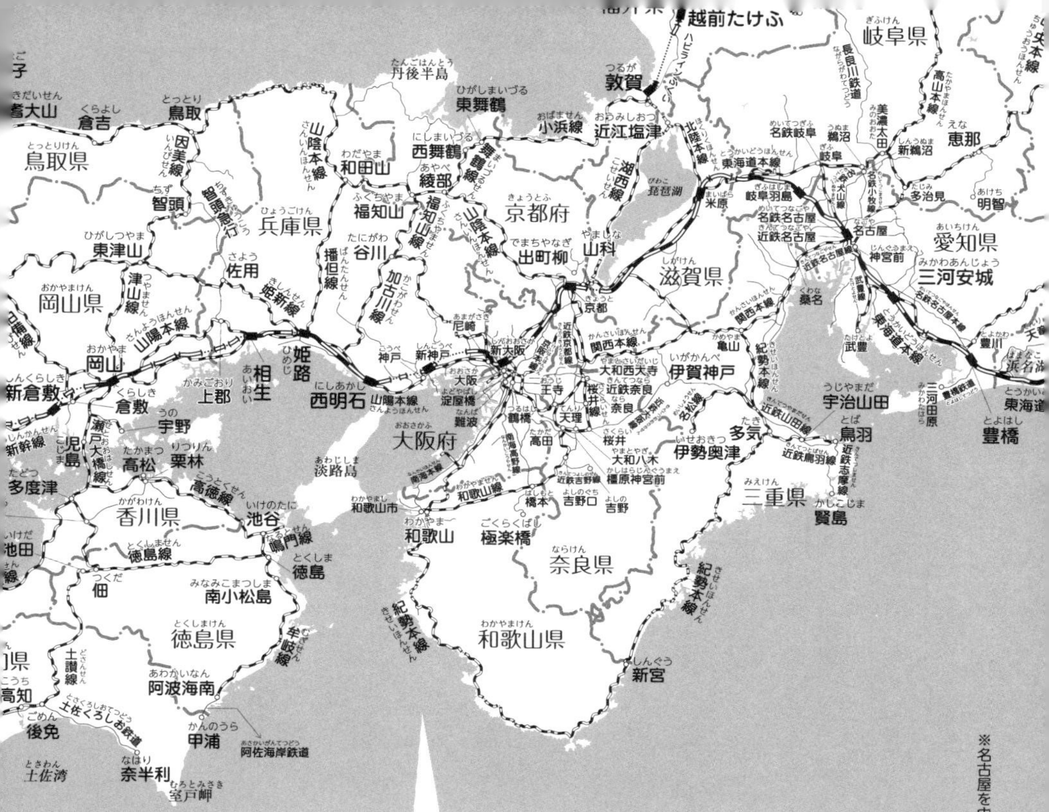

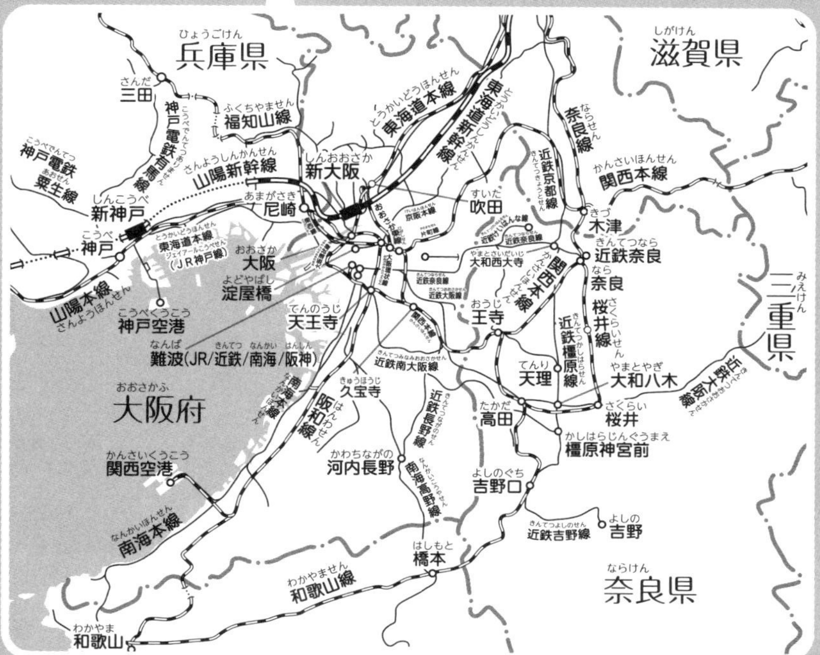

※名古屋を中心にした拡大図はP24に敬愛

鉄道が日本中を走っているぞ

クイズ 009

いちばん距離が長い新幹線路線は、1〜4のうちのどれ？

- 1 ＝ 東北新幹線
- 2 ＝ 東海道新幹線
- 3 ＝ 山陽新幹線
- 4 ＝ 九州新幹線

北へ、北へ

クイズ 010

新幹線の駅(ミニ新幹線を除く)がいちばん多い県はどこ？

地図をよ〜く見よ！東北地方の県には7駅もあるぞ

クイズ 011

現在、新幹線は何路線ある？

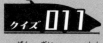

クイズ 012
新幹線が走っていない都道府県はいくつある？

クイズ 013
JR旅客6社の中で新幹線を運行していない会社は？

1987年4月1日に国鉄が分割民営化。北からJR北海道、JR東日本、JR東海、JR西日本、JR四国、JR九州のJR旅客6社とJR貨物が誕生したのだ！

クイズ014 トンネルの長さ日本1位と2位は新幹線にある。そのトンネルの名前は？

1位＝青森県と北海道の間にある海底トンネル
2位＝地上トンネルで青森県の有名な山の名前が付くよ。

P26の地図をよく見てみよう！

クイズ015 新幹線でいちばん長い距離を走る列車は？

クイズ016 新幹線でいちばん短い距離を走る列車はどれ？

1＝九州新幹線つばめ（博多駅〜鹿児島中央駅間）
2＝西九州新幹線かもめ（武雄温泉駅〜長崎駅間）
3＝北陸新幹線つるぎ（富山駅〜敦賀駅間）

新幹線クイズ

クイズ 017 ノンストップで走る距離がいちばん長い列車とその区間は？

東海道新幹線の列車だぞ

クイズ 018 いちばんたくさんの都道府県を通る列車はどれ？

1＝東北・北海道新幹線「はやぶさ」
2＝東海道・山陽新幹線「のぞみ」
3＝山陽・九州新幹線「みずほ」

クイズ 019 新幹線の中でいちばん編成両数が多いのは16両編成である。○か×か？

2つの編成を併結して走っている列車もあるぞ

クイズ014 答え
1位＝青函トンネル　2位＝八甲田トンネル

青函トンネルは北海道新幹線のトンネルで長さは53.85km、八甲田トンネルは東北新幹線の七戸十和田駅〜新青森駅間にあるトンネルで長さは26.46kmです。

青函トンネル

クイズ015 答え
のぞみ

東海道・山陽新幹線の東京駅〜博多駅間を走る「のぞみ」の走行距離は1,069.1kmに及びます。1時間に数本が運行され、まさに日本の大動脈を支える列車です。

クイズ016 答え
2＝西九州新幹線かもめ（武雄温泉駅〜長崎駅間）

「かもめ」は武雄温泉駅〜長崎駅間の66.0kmを走ります。また、「かもめ」には新大村駅〜長崎駅間の区間列車があり、わずか33.8kmの走行距離です。

豆知識！　新幹線の運行区間が短い列車

新幹線には朝と夜の通勤帯、通学時間帯に乗客の多い運行距離の短い区間を走っています。このため、平日のみ運転される列車も存在しています。

列車	通常の列車の運行区間	区間列車
かもめ	武雄温泉駅〜長崎駅：66.0km	新大村駅〜長崎駅：33.8km
つばめ	博多駅〜鹿児島中央駅：256.8km	川内駅〜鹿児島中央駅：35.3km ※途中駅なし
こだま	新大阪駅〜博多駅：553.7km	小倉駅〜博多駅：55.9km ※途中駅なし
つるぎ	富山駅〜敦賀駅：183.7km	富山駅〜金沢駅：58.5km
はくたか	東京駅〜敦賀駅：579.2km	上越妙高駅〜長野駅：59.5km

新幹線クイズ

クイズ017 答え
列車＝のぞみ　区間＝新横浜駅〜名古屋駅間

「のぞみ」は316.5kmもある新横浜駅〜名古屋駅間をノンストップ、わずか1時間20分ほどで走ります。ちなみに1992年3月14日〜97年11月28日の間、一部の「のぞみ」が新横浜〜新大阪間489.8kmをノンストップ運転しており、これが歴代最長記録。

クイズ018 答え
2＝東海道・山陽新幹線「のぞみ」

東京駅〜博多駅間を走る「のぞみ」は東京都、神奈川県、静岡県、愛知県、岐阜県、滋賀県、京都府、大阪府、兵庫県、岡山県、広島県、山口県、福岡県の13都道府県を通ります。

クイズ019 答え
×

東北新幹線では「はやぶさ＋こまち」、「やまびこ＋つばさ」といった併結運転が実施されていて、10両のE5/H5系＋7両のE3/E6/E8系の17両編成が最多です。

正解は17両編成じゃ

クイズ020 いちばん編成全長が長い新幹線の列車は、1〜3のうちのどれ？

1＝北陸新幹線「かがやき」
2＝東海道・山陽新幹線「のぞみ」
3＝東北・秋田新幹線「はやぶさ・こまち」

「こまち」がミニ新幹線というのがポイントだよ

クイズ021 新幹線の中でいちばん短い列車は何両編成？

1＝4両編成　2＝6両編成　3＝8両編成

クイズ022 いちばん高いところにある新幹線の駅は？

避暑地として有名な長野県の駅だぞ

新幹線クイズ

クイズ023

いちばん利用客の多い新幹線駅は新大阪駅である。○か×か？

ヒントは写真にかくされているぞ

クイズ024

いちばん利用客の少ない新幹線駅は？

ヒント！　青森県にある新幹線駅

1＝いわて沼宮内駅
2＝奥津軽いまべつ駅
3＝木古内駅

クイズ025

新幹線でいちばん急な坂（急な勾配）がある路線は？

1＝北海道新幹線
2＝北陸新幹線
3＝九州新幹線

クイズ 020 答え
2＝東海道・山陽新幹線「のぞみ」

「はやぶさ・こまち」は17両編成ですが、「こまち」編成の7両分が在来線規格のため1両当たりの長さが短く、編成全長では約401mです。一方、東海道・山陽新幹線はすべてフル規格の16両編成で、全長は約404mとなります。

※フル規格新幹線とミニ新幹線の違いについては、P41に書いてあります。

クイズ 021 答え
2＝6両編成

九州新幹線800系と西九州新幹線N700Sが最短の6両編成で運行。山陽新幹線で1998年から2011年まで0系と100系が4両編成で運行しており、これが歴代最短編成です。

クイズ 022 答え
軽井沢駅

駅の標高は940m。約1,000mの高所にある軽井沢町は、年間の平均気温9度、夏の平均気温も20度ちょっと。真夏でも過ごしやすく、東京からも比較的近いことから、明治時代から避暑地として栄えてきました。

新幹線クイズ

クイズ023 答え
×

いちばん利用客の多い新幹線駅は東京駅です。東海道新幹線と東北新幹線（上越・山形・秋田・北陸新幹線も含む）を合わせて、1日平均約17万5千人（新型コロナウイルスまん延前の2019年の人数）も利用客がいます。

クイズ024 答え
2＝奥津軽いまべつ駅

なんと1日平均52人（新型コロナウイルスまん延前の2019年の人数）。まるでローカル線の駅のようじゃな！

クイズ025 答え
3＝九州新幹線

九州新幹線博多駅〜新鳥栖駅間にある筑紫トンネルには1000分の35（1000mを進むと35mの高低差が生じる）の急な坂があります。

急勾配路線はココにもあるぞ

豆知識！

北陸新幹線の高崎駅〜糸魚川駅間は標高の高い長野県を縦断する山岳区間で、高崎駅〜軽井沢駅間は1000分の30の勾配が約30kmにわたって続きます。本州と北海道の間にある津軽海峡を渡る北海道新幹線青函トンネル内の勾配は最大で1000分の12です。

新幹線の列車名（愛称名）の多くは、在来線の特急列車や急行列車から引き継がれています。その列車は電車特急から寝台特急までさまざまで、中には準急から大出世した列車名（愛称名）もあります。

在来線から引き継がれた列車名

■東海道・山陽新幹線

○ひかり
在来線登場年：1958年に博多駅〜別府駅〜熊本駅間の準急列車として登場し、その後急行に。
在来線廃止年：1964年に東海道新幹線に名前を譲って別名に。
新幹線登場年：1964年

○こだま
在来線登場年：1958年に国鉄初の電車特急として東京駅〜大阪駅間で運行開始。
在来線廃止年：1964年
新幹線登場年：1964年

■山陽・九州・西九州新幹線

○つばめ
在来線登場年：1930年に東京駅〜神戸駅間の特急として運行開始。1975年に廃止され、1992年にJR九州の博多駅〜西鹿児島駅間の特急として復活。
在来線廃止年：2004年
新幹線登場年：2004年

○みずほ
在来線登場年：1961年に東京駅〜熊本駅間の夜行特急として運行開始、のちに寝台特急（ブルートレイン）に。
在来線廃止年：1994年
新幹線登場年：2011年

○さくら
在来線登場年：1923年に東京駅〜下関駅間の特急として運行開始、のちに寝台特急（ブルートレイン）に。
在来線廃止年：2005年
新幹線登場年：2011年

○かもめ
在来線登場年：1953年に京都駅〜博多駅間の特急として運行開始。1975年に廃止され、1976年に博多駅〜長崎駅間の特急として復活。
在来線廃止年：2022年
新幹線登場年：2022年

■東北・山形新幹線

○やまびこ
在来線登場年：1959年に東北本線の準急として登場、1965年から上野駅〜盛岡駅間の特急に。
在来線廃止年：1982年
新幹線登場年：1982年

○つばさ
在来線登場年：1961年に上野駅〜秋田駅間の特急として運行開始。
在来線廃止年：1992年
新幹線登場年：1992年

○はやぶさ
在来線登場年：1958年に東京駅〜鹿児島駅間の夜行特急として運行開始、のちに寝台特急（ブルートレイン）に。
在来線廃止年：2009年
新幹線登場年：2011年

○なすの
在来線登場年：1959年に上野駅〜黒磯駅間の準急列車として運行開始、1985年から新特急に。
在来線廃止年：1995年
新幹線登場年：1995年

○あおば
在来線登場年：1949年に東北本線の急行列車として運行開始、1971年から仙台駅〜秋田駅の特急に。
在来線廃止年：1975年
新幹線登場年：1982年 ※1997年に「やまびこ」「なすの」に統合されて消滅

■上越新幹線

○とき
在来線登場年：1962年に上野駅〜新潟駅間の特急として運行開始。
在来線廃止年：1982年
新幹線登場年：1982年 ※1997年〜2002年に一時的に名称消滅

○たにがわ
在来線登場年：1982年に上野駅〜水上駅間の特急として運行開始。
在来線廃止年：1997年
新幹線登場年：1997年

○あさひ
在来線登場年：1960年に仙台駅〜新潟駅間の準急として運行開始、その後急行に。
在来線廃止年：1982年
新幹線登場年：1982年 ※2002年に名称消滅

■北陸新幹線

○あさま
在来線登場年：1966年に上野駅〜長野駅間の特急として運行開始。
在来線廃止年：1997年
新幹線登場年：1997年

○かがやき
在来線登場年：1988年に金沢駅〜長岡駅間の特急として運行開始。
在来線廃止年：1997年
新幹線登場年：2015年

○はくたか
在来線登場年：1965年に上野駅〜金沢駅間の特急として運行開始。1982年に廃止されるが、1997年に北越急行経由の越後湯沢駅〜金沢駅間の特急として復活。
在来線廃止年：2015年
新幹線登場年：2015年

○つるぎ
在来線登場年：1961年に大阪駅〜富山駅間の特急として運行開始、その後大阪駅〜新潟駅間の寝台特急（ブルートレイン）に。
在来線廃止年：1994年
新幹線登場年：2015年

コラム 併結運転で効率の良い運用を実現

JR東日本の東北新幹線では、10両編成のE5・H5系に、7両編成のミニ新幹線E3系・E6系・E8系を連結する併結運転を実施しています。そして、併結を切り離すことを分割とよびます。

東北新幹線は北へ行くほど利用客が減るので、福島駅で分割される山形新幹線「つばさ」や、盛岡駅で分割される秋田新幹線「こまち」は、7両編成で十分なのです。しかし、東北新幹線は途中の仙台駅や盛岡駅までは利用客が多いので、10両編成のE5系とミニ新幹線が手を組んだ併結運転は、需要にフィットした合理的な運転方法なのです。

クイズ 026 JR東日本の併結運転では、同じ形式同士の併結はない。○か×か？

クイズ 027 JR東日本の新幹線形式はすべて併結運転ができる。○か×か？

クイズ 028 E5系・H5系と、山形・秋田新幹線のミニ新幹線形式には、簡単に併結と分割ができる自動分割併合装置が装備されている。ミニ新幹線のこの装置は、東京方と新青森方、どちらに装備されている？

連結シーンは一大イベント
●盛岡駅で併結されるE5系とE6系

先に到着して待つE5系

E5系が先に到着。完全に停止すると同時に連結器カバーが開き、中に入っている連結器が顔を出す。操作は後部運転台から車掌がおこなっている。

あとから到着するE6系

秋田方面からやってきたE6系。入線する前から連結器カバーが開き始め、到着前に完全に開く。

併結作業の開始

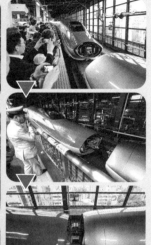

E5系の車掌がE6系運転士と無線交信しながら慎重に連結を誘導。連結後、ブレーキや電気回路は自動的につながる。

東京駅へ向かうE5系(東京方10両)とE6系(新青森方7両)の併結編成

現在、行なわれている併結運転の組み合わせ

●E5系・H5系＋E6系　　●E5系＋E8系

2024年から始まった組み合わせで、「やまびこ＋つばさ」のほかに今後は「なすの」でも見られる。

2013年から始まった組み合わせ（H5系＋E6系は2016年から）で、「はやぶさ＋こまち」のほかに「やまびこ」「なすの」でも見られる。

●E5系＋E3系2000番代

2024年から始まった組み合わせで、「やまびこ＋つばさ」のほかに「なすの」でも見られる。

併結運転　答え

クイズ026 答え　○

2021年までは8両編成のE4系同士を併結した16両編成の運転がありましたが、現在はありません。

クイズ027 答え　×

上越・北陸新幹線用のE7系（W7系も）は、自動分割併合装置を搭載していないため併結運転ができません。

クイズ028 答え　東京方

自動分割併合装置が東京方にあるので、ミニ新幹線は必ず新青森方に連結されます。

39

クイズ 029
東京駅〜新大阪駅間を走っていた最初の新幹線車両0系の最高速度は？

ちょい難問！

クイズ 030
現在、一番スピードの速い新幹線は3形式ある。その車両形式名と速度は？

宇都宮駅と盛岡駅の間で最高速度が出る！

クイズ 031
東海道・山陽新幹線で初めて最高速度270km/h運転を実現した車両は？

1＝0系　2＝100系　3＝300系

新幹線クイズ

クイズ 032

2024年3月に東北・山形新幹線の「つばさ」にE8系が投入され、宇都宮駅～福島駅間の最高速度が275km/hから300km/hに向上した。〇か×か？

N700系・N700Sの最高速度に並んだぞ

クイズ 033

ミニ新幹線である秋田新幹線（盛岡駅～秋田駅間）と山形新幹線（福島駅～新庄駅間）の最高速度は？

1＝130km/h　2＝150km/h　3＝180km/h

スピード★クイズ

豆知識！　フル規格新幹線とミニ新幹線は、ここが違うぞ

　フル規格新幹線とは、東海道新幹線や東北新幹線のように、新幹線専用に作られた路線のことです。フル規格新幹線の線路幅は、在来線の1,067mmよりも368mmも広い1,435mmあります。そして、車両もそれに合わせた大きなサイズになっています。
　ミニ新幹線とは、在来線の線路幅を新幹線と同じ1,435mmに広げ、新幹線車両が在来線に直通できるようにした路線のことです。そして車両は、在来線の設備（トンネルやホームなど）に合わせた小さなサイズになっています。そのため、フル規格新幹線の駅ではホームとの間に大きな隙間ができるので、それを埋める格納式ステップが車体に装備されています。1両あたりの長さはフル規格用は25～27m、ミニ新幹線用は20～23mです。ミニ新幹線は、現在までに山形新幹線（福島駅～新庄駅間）と秋田新幹線（盛岡駅～秋田駅間）の2路線があります。

41

写真：南 正時

クイズ029 答え
220km/h

1964年の運行開始から1年間は、線路や盛土を安定させるため160km/h、その後は210km/hで、1986年から220km/hに引き上げられました。

クイズ030 答え
車両形式名＝E5系、H5系、E6系
最高速度＝320km/h

E5・H5系は「はやぶさ」、E6系は「こまち」での運用で、宇都宮駅～盛岡駅間で新幹線最速の320km/hを出します。

■E5・H5系「はやぶさ」、
　E6系「こまち」区間別最高速度

東京駅～大宮駅間	130km/h
大宮駅～宇都宮駅間	275km/h
宇都宮駅～盛岡駅間	320km/h
盛岡駅～新函館北斗駅間	260km/h

新幹線クイズ

クイズ031 答え
3＝300系

1990年に300系の量産先行車が登場。試運転ののち、1992年3月から「のぞみ」として東京駅〜新大阪駅間を最高270km/hで営業運転がスタートしました。

クイズ032 答え
○

300km/hにアップしたことで、E8系使用の「つばさ」は東京駅〜福島駅間の所要時間が最大4分短縮されました。

「つばさ」は2026年春までに全列車がE8系に!

クイズ033 答え
1＝130km/h

秋田新幹線、山形新幹線ともに踏切がある在来線を走行するので、すぐに止まれるように最高速度は130km/hに抑えられています。

スピード★答え

クイズ 034

北海道新幹線、東北新幹線の盛岡駅〜新青森駅間、北陸新幹線、九州新幹線、西九州新幹線は、フル規格新幹線ながら最高速度が低く抑えられている。その速度は1〜3のうちどれ？

1＝240km/h　2＝250km/h　3＝260km/h

クイズ 035

東海道新幹線内において、2020年3月から最高速度が285km/hに引き上げることができた理由は？（正解は2つ）

1＝700系が引退したため　2＝運転本数が減ったため　3＝軌道を285km/h運転に対応できるよう補強した　4＝カーブを直線に作り直した

超難問！

新幹線クイズ

クイズ 036
山陽新幹線の最高速度は300km/hで、東海道新幹線の最高速度285km/hよりも速いのはなぜ？

1＝運転本数が少ないため　2＝直線が多いため　3＝忙しい人が多いため

クイズ 037
リニア中央新幹線の最高速度は何km/h？

クイズ 038
リニア中央新幹線は品川駅〜名古屋駅間を何分で走る予定？

1＝約40分　2＝約60分　3＝約90分

スピード★クイズ

 答え

3＝260km/h

クイズに出てくる5路線は整備新幹線とよばれるもので、法律で最高速度は260km/hと定められているのです。整備新幹線とは「全国新幹線鉄道整備法」にもとづく1973年の「整備計画」により整備された新幹線路線です。

クイズ035 答え

1＝700系が引退したため
3＝軌道を285km/h運転に対応できるよう補強した

軌道や地上設備の改良により、最高速度285km/hで走行できる区間が拡大しました。車両も700系が引退し、高性能なN700Aへ車両統一されたため、すべての列車で285km/h走行ができ、さらに高度な制御機能により、綿密なダイヤ設定ができるようになりました。こうして、2020年3月のダイヤ改正から、東海道新幹線内で1時間に最大12本の「のぞみ」を運行できる体制となり、「のぞみ12本ダイヤ」ともよばれています。これにより利用者が多いラッシュ時間帯や年末年始の繁忙期に、さらに安定した大量の高速輸送が可能になりました。

 答え

2＝直線が多いため

山陽新幹線は東海道新幹線よりもカーブや勾配がゆるく、高速運転に適しています。このため、トンネルが多いことも大きな特徴です。

新幹線クイズ

豆知識！

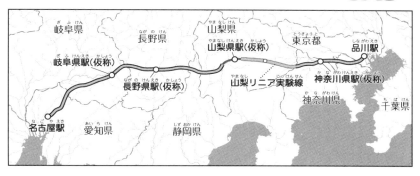

車輪は浮いている!?　リニア中央新幹線

　新幹線に代わる夢の超特急として建設が進むリニア中央新幹線。現在東京都の品川駅から愛知県の名古屋駅までの工事が行なわれており、将来は新大阪まで延伸して完成となる予定です。

　鉄道は、400km/hを超えると車輪が空転して安全性や経済性に問題が出ます。しかし、リニア中央新幹線は車体を浮かせて超電導リニアで導くことによって、400km/h以上でも安定した走行が可能になるのです。

　最高速度は500km/hで、品川駅〜名古屋駅間は最速40分、新大阪までは約60分で走る予定です。先行開業区間である品川駅〜名古屋駅間は、当初2027年に開業予定でしたが、工事の遅れによって早くても2034年の開業予定となっています。

スピード★答え

 答え

A：500km/h

 答え

1＝約40分

コラム 歴代新幹線最高速度ランキング

E6系

　最初は210km/hだった新幹線の最高速度ですが、現在では320km/h。そして、近い将来には360km/hに達する予定です。当初は300km/hがひとつの壁でしたが、1997年登場の500系が達成し、2007年に登場したN700系がそれに続きました。

　現在最速の320km/h運転は、2011年に登場したE5系をはじめE6系、H5系で実施されています。

同率第1位

現在最速の320km/h運転をおこなうE5系・H5系（写真はE5系）とE6系。東北新幹線内では両車の併結運転もおこなわれる

E5系・H5系

第2位　500系

新幹線で初めて300km/h運転を実現。現在は285km/hにダウンしたが、戦闘機のようなスタイルは変わらない

第4位　E2系

1997年登場のE2系の最高運転速度は275km/hで、東北・北陸新幹線の高速化に貢献した

> 1997年デビューした500系の300km/hってすごいなぁ〜

第1位	E5系〈2011年3月5日デビュー〉 E6系〈2013年3月16日デビュー〉 H5系〈2016年3月26日デビュー〉	320km/h
第2位	500系〈1997年3月22日デビュー〉 N700系〈2007年7月1日デビュー〉 N700S〈2020年7月1日デビュー〉 E8系〈2024年3月16日デビュー〉	300km/h
第3位	700系〈1999年3月13日デビュー〉	285km/h
第4位	200系〈1990年－1999年/上越新幹線高速運転対応F90〜93編成〉 E2系〈1997年3月22日デビュー〉 E3系〈1997年3月22日デビュー〉 E7系〈2014年3月15日デビュー〉 W7系〈2015年3月14日デビュー〉	275km/h
第5位	300系〈1992年3月14日デビュー	270km/h
第6位	800系〈2004年3月13日デビュー〉	260km/h
第7位	200系〈1990年以降/H編成〉	245km/h
第8位	200系〈1985年以降/F・K編成〉 400系〈1992年7月1日デビュー〉 E1系〈1994年7月15日デビュー〉 E4系〈1997年12月20日デビュー〉	240km/h
第9位	100系V編成（グランドひかり）〈1989年3月11日デビュー〉	230km/h
第10位	100系〈1985年10月1日デビュー〉 0系〈1986年以降〉	220km/h
第11位	0系〈1964年10月1日デビュー〉 200系〈1982年6月23日デビュー〉	210km/h

第5位 300系

それまで220〜230km/hだった東海道・山陽新幹線で270km/hを実現。この車両から「のぞみ」の運転が始まった

第11位 0系

元祖新幹線の0系は1964年に登場。当初は210km/hだったがのちに220km/hにスピードアップしている

写真：南 正時

49

クイズ039 東海道・山陽新幹線は1975年の博多開業に向けて食堂車ができた。開業時になかった理由は？1〜3のうちのどれ？

1＝乗車定員を確保したかった
2＝乗車時間が短かった
3＝開業準備が忙しくて間に合わなかった

ビュッフェは開業時から営業してたんじゃがな〜

クイズ040 1975年の山陽新幹線博多駅開業に合わせて、東京駅〜博多駅間で夜行新幹線が計画された。実現しなかった理由はどれ？

1＝線路メンテナンスの時間がなくなるから
2＝料金がすごく高くなるから
3＝駅員や運転士が夜中に働くことができなかったから

新幹線クイズ

クイズ 041　現在、唯一個室のある愛称が「Rail Star」の車両形式は？

写真をよ〜く見て！

クイズ 042　上越新幹線には、豪雪地帯を走るため、「☐☐☐ スプリンクラー」が設置されている。☐☐☐に入る文字は？

あたたかいぞ

クイズ 043　九州新幹線を走るN700系には、鹿児島県の自然現象に対する備えがある。その自然現象とは？

雑学★クイズ

51

クイズ039 答え

2＝乗車時間が短かった

開業時は、東京駅〜新大阪駅間の所要時間が3時間少々だったので食堂車は不要と判断され、代わりに軽食を提供するビュッフェが用意されました。しかし、1975年3月10日の博多駅延伸で所要時間が6時間を超えることになり、その前年の1974年から食堂車の連結がスタート。当初の0系食堂車は山側の窓がなく、富士山が見えないことから乗客に不評でしたが、1979年から山側にも窓を付ける改造が始まって改善されました。

山側窓設置後の0系の食堂車　写真：南 正時

0系新幹線のビュッフェ　写真：南 正時

クイズ040 答え

1＝線路メンテナンスの時間がなくなるから

実際に寝台車のモックアップ（内装を検討する原寸大模型）も制作され、計画はかなり進みました。でも、新幹線は夜間に線路メンテナンスが必要なこと、そして当時は新幹線の騒音が大問題になっていたことから実現しませんでした。

■夜行新幹線の961形試作車図面（4号車）
交通技術（昭和41年10月号）の図面を再構成

52

新幹線クイズ

クイズ041 答え
700系7000番代

山陽新幹線を走る700系7000番代の8号車の一部が4人用個室になっています。個室は4室あり、ソファー型のゆったりとした座席が向かい合わせに配置され、大型テーブルと電気スタンドがあります。

クイズ042 答え
温水

線路上の雪を溶かすための温水スプリンクラーが上毛高原駅～新潟駅間のトンネルをのぞいた区間におよそ6m間隔で合計約3万基ほどあります。まかれる水の温度は10℃前後です。

クイズ043 答え
桜島の噴火

九州新幹線を走るN700系には、桜島が噴火したさいに降り注ぐ火山灰が走行機器に入り込まないような工夫が施されています。

雑学 ★ 答え

クイズ 044

スプリンクラーは雪を融かす装置だが、東海道新幹線の岐阜羽島駅～米原駅間（古戦場で有名な関ヶ原付近）にあるスプリンクラーは、ちょっと目的は違う。その目的は1～3のうちのどれ？

1＝車体を洗浄するため　2＝カーブで車輪の滑りを良くするため　3＝雪を固めるため

逆転の発想かの～

クイズ 045

オール2階建て新幹線E4系の8両＋8両の併結編成（16両）は当時、世界最大の着席定員を誇っていた。その乗客数は？

1＝1,319名　2＝1,634名　3＝2,080名

クイズ 046

東海道新幹線で2023年に終了した車内サービスがある。それは1～3のうちのどれ？（正解は2つ）

1＝文字ニュース
2＝ワゴンサービス
3＝自販機

新幹線クイズ

クイズ 047
唯一、新幹線と道路が一緒になった橋（鉄道道路併用橋）がある新幹線は？

日本海に面した県にあるぞ

クイズ 048
新幹線の形式は500系の次が700系で、600系がない。それはどうして？

1＝開発に失敗したから
2＝3ケタの形式数字がいっぱいになりそうだったから
3＝6という数字が嫌われていたから

※形式数字は、車両形式に使われている数字のこと！

クイズ 049
秋田新幹線の列車名の「こまち」は、「□□□小町」にちなんでいる。□□□に入る文字は？

クイズ044 答え

3＝雪を固めるため

岐阜羽島駅〜米原駅間は冬にたびたび大雪に見舞われます。走行で舞い上がった雪は車両の床下に固着して、温かい場所で落下してバラストを跳ね上げ、車両の窓ガラスや沿線建物を破壊する事故が発生します。雪を完全に融かせば良いのですが、この区間は線路が砂利のバラスト軌道のため、スプリンクラーで大量の水をまくと線路が歪んでしまう危険性があります。そこで、この区間では適度な量の水をまいて雪を固めて、雪が舞い上がらないようにしています。

※バラストはレールや枕木周辺の砂利のこと！

クイズ045 答え

2＝1,634名

E4系は増加する新幹線通勤客に対応したオール2階建て車両です。1994年に登場したE1系は12両編成でしたが、1997年に登場したE4系は8両編成で、2編成をつなげた16両運転や山形新幹線との併結運転も見られました。

クイズ046 答え

1＝文字ニュース　2＝ワゴンサービス

100系で登場した車内の文字ニュースはスマートフォンの普及や車内Wi-Fiの充実により2023年3月に終了しました。ワゴンによる車内販売は、駅やホームの店舗の充実と人手不足などにより2023年10月に廃止されました。

文字ニュースは終了したが、表示器では列車案内や次駅案内（日本語・英語）が継続されている

郵便はがき

101-0062

おそれいりますが切手をおはりください。

〈受取人〉
東京都千代田区神田駿河台2-5

株式会社 理論社

読者カード係 行

お名前（フリガナ）

ご住所　〒　　　　　　　　　　TEL

e-mail

書籍はお近くの書店様にご注文ください。または、理論社営業局にお電話ください。
代表・営業局：tel 03-6264-8890　fax 03-6264-8892

https://www.rironsha.com

ご愛読ありがとうございます

読者カード

●ご意見、ご感想、イラスト等、ご自由にお書きください。

●お読みいただいた本のタイトル

●この本をどこでお知りになりましたか?

●この本をどこの書店でお買い求めになりましたか?

●この本をお買い求めになった理由を教えて下さい

● 年齢　　　歳　　　　　　　　　●性別　男・女

● ご職業　　1. 学生（大・高・中・小・その他）　2. 会社員　3. 公務員　4. 教員
　　　　　　5. 会社経営　6. 自営業　7. 主婦　8. その他（　　　　　　　　　）

●ご感想を広告等、書籍のＰＲに使わせていただいてもよろしいでしょうか?

（実名で可・匿名で可・不可）

ご協力ありがとうございました。今後の参考にさせていただきます。
ご記入いただいた個人情報は、お問い合わせへのご返事、新刊のご案内送付等以外の目的には使用いたしません。

新幹線クイズ

クイズ 047 答え
北陸新幹線

北陸新幹線芦原温泉駅〜福井駅間の九頭竜川にかかる「九頭竜川橋梁」です。全長は約415メートルで、新幹線の線路は橋の中央部にあり、その両側を福井県道268号が通ります。

クイズ 048 答え
2＝3ケタの形式数字がいっぱいになりそうだったから

JR東日本のE1系は、当初600系として登場する予定でした。でも、3ケタの形式数字がそろそろいっぱいになるので、この機会にJR東日本独自のEが頭文字の形式に移行することになり、600系は欠番になりました。

E1系

クイズ 049 答え
小野

絶世の美人として有名な小野小町は平安前期の女流歌人で、六歌仙・三十六歌仙の一人です。出身地が現在の秋田県湯沢市といわれるのにちなんで秋田新幹線の列車名に採用されました。

小野小町をイメージしたシルエットをデザインした「こまち」のロゴマーク

クイズ 050
新幹線の列車名で初めて廃止された列車名は？

仙台のお城にちなんだ列車名だぞ

クイズ 051
長野新幹線の「あさま」と上越新幹線の「あさひ」は似ている名前のうえ、どちらも東京駅〜高崎駅間を走るため、間違えて乗車する乗客が多く、列車名が変更されたのはどっち？

上越新幹線の速達列車だった「あさひ」

「あさま」は1998年から2017年までE2系が活躍

クイズ 052
最新型新幹線のN700Sの1両の製作費はいくら？

この金額が現行新幹線車両の標準的な製作費だ

1 = 1,800万円
2 = 1億5000万円
3 = 3億7500万円

新幹線クイズ

クイズ 053
新幹線の列車名は走行する地方にちなんだものが多い。下の各都道府県と、それにちなんだ列車名を正しくむすぼう。

山の名前が多いのお〜

栃木県 ● ● あさま
群馬県 ● ● たにがわ
長野県 ● ● つるぎ
新潟県 ● ● とき
富山県 ● ● なすの

クイズ 054
N700Aが東京駅から新大阪駅まで走った時の電気代はいくらになる？

1 ＝ 約25万円
2 ＝ 約50万円
3 ＝ 約100万円

雑学★クイズ

59

「あおば」

東北新幹線は当初、通過駅のある列車が「やまびこ」、各駅停車が「あおば」の列車名でした。しかし、1997年に行先別の列車名となり、東京駅〜那須塩原駅間の列車を「なすの」、それ以北まで走る列車が「やまびこ」となりました。

「あさひ」

上越新幹線は当初、速達タイプが「あさひ」、各駅停車タイプが「とき」(1997年以降は「たにがわ」)でした。しかし、1997年に長野新幹線(現在の北陸新幹線)が開業すると、「あさま」と間違えて乗車する乗客が多発したため、2002年に「あさひ」の列車名が廃止され、以前使われていた「とき」の列車名が復活しました。

豆知識！ 長野新幹線って何？

高崎駅から北陸地方を経由して関西エリアに向かう新幹線路線として、現在敦賀駅まで開業している北陸新幹線。この北陸新幹線で最初に開業したのが高崎駅〜長野駅間で、1997年のことでした。しかし、長野駅までの路線を「北陸新幹線」と呼ぶには違和感があったことから、テレビや新聞は「長野新幹線」とよぶようになり、やがて世間にも浸透します。日本中が盛り上がった長野冬季オリンピック(1998年開催)に間に合わせるために開業したことも、それに拍車をかけました。JRはこれを正す意味で「長野行き新幹線」というよび名を提唱しましたが、結局2015年の金沢延伸開業まで「長野新幹線」というよび名で親しまれたのです。

クイズ052 答え
3 = 3億7500万円

JR東海N700Sの場合、補修部品などを含めた初期40編成の導入費の総額が2400億円と言われていて、これをもとに1編成(16両)あたりで割ると60億円。1両あたりでは約3億7500万円となります。

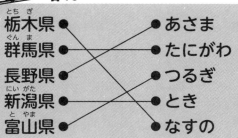

「とき」は日本の
特別天然記念物

豆知識！

「とき」は新潟県の佐渡島に生息する国の特別天然記念物です。かつてはほぼ日本全土で見られましたが、環境破壊により日本固有種「とき」は絶滅しました。1999年に中国から寄贈された「とき」の人工繁殖に成功し、2008年には佐渡の大空へ10羽の「とき」が放鳥されました。その後も毎年放鳥が続き、近年は自然繁殖も確認されるようになりました。

1 ＝ 約25万円

東海道新幹線のN700A「のぞみ」は、東京駅～新大阪駅間の走行で15,000～17,000kWの電気を消費するといわれています。一般家庭の電気代は1kWあたり27円（2023年秋の値段）ですが、鉄道会社は大口需要者で電気代が安くなるので、1kWあたり17円ぐらいと予想されます。仮に15,000kWの消費電力であれば、東京駅～新大阪駅間の電気代は約25万円になります。

N700Aの座席数は1,323席だから、東京駅～新大阪駅間の電気代は1席あたり、約200円！

クイズ 055　日本最北端の新幹線駅はどこ？

1 ＝ 新青森駅
2 ＝ 木古内駅
3 ＝ 新函館北斗駅
4 ＝ 奥津軽いまべつ駅

クイズ 057　日本最西端の新幹線駅はどこ？

カステラ、チャンポンが名物の街にある駅だよ

クイズ 058　日本最南端の新幹線駅はどこ？

新幹線クイズ

地理★クイズ

クイズ 056 日本最東端の新幹線駅はどこ？

日本一のイカの水揚げ量を誇る港があるぞ

クイズ 059 新幹線と同じ線路上を走る貨物列車がある。〇か×か？

クイズ 060 次の新幹線の駅のうち、地下にある駅はどれ？

1＝新庄駅
2＝上野駅
3＝新大阪駅

63

クイズ 055 答え
3＝新函館北斗駅

新函館北斗駅は現在の北海道新幹線の終点の駅で、もちろん北海道にあります。2016年に北海道新幹線の駅となる前は渡島大野という駅名でした。北海道新幹線の延伸後は新小樽駅が最北端駅になります。

クイズ 056 答え
八戸駅

ちょい難読の駅名だな

八戸駅は東北新幹線の青森県にある駅で、2002年から2010年まで東北新幹線の終点でした。

クイズ 057 答え
長崎駅

2022年に開業した西九州新幹線の終点駅、長崎駅です。それ以前は熊本県にある九州新幹線の川内駅が最西端でした。

西九州新幹線の開業に合わせて高架化された長崎駅。奥は在来線の長崎本線で、両線ともに行き止まりとなる構造

新幹線クイズ

クイズ058 答え
鹿児島中央駅

鹿児島中央駅は九州新幹線の終点駅です。ちなみに最北端の新函館北斗駅からの路線距離は2149.6kmです。2004年に九州新幹線の駅となる前は西鹿児島という駅名でした。

駅ビル「アミュプラザ鹿児島」にある観覧車「アミュラン」は鹿児島中央駅のシンボルになっている

クイズ059 答え

北海道新幹線の奥津軽いまべつ駅〜木古内駅間の青函トンネル前後の区間は、在来線との共用区間になっています。レールが3本敷かれる3線軌条になっていて、JR貨物の貨物列車以外にもJR東日本の豪華列車「四季島」も走ります。

北海道新幹線の3線軌条区間を行くH5系。3本の線路のうち、いちばん外側の線路を使って走っていることがわかる

EH800形電気機関車に牽引された貨物列車は、在来線用の狭い軌間のため、左側の線路の内側と一番右側の線路上を走っている

クイズ060 答え

2＝上野駅

東北新幹線の上野駅〜大宮駅間は1985年に延伸開業しました。上野駅は海抜マイナス30mの地下に設置され、新幹線で唯一の海面下にある駅となっています。

65

> 超難問じゃ

> ヒント！ 納豆の生産量日本一の県

クイズ061 新幹線が通るのに駅がない唯一の県はどこ？

クイズ062 日本で最初にホームドアが設置されたのは、新幹線の駅でした。その駅はどこ？

> 温泉で有名な静岡県の駅だな

クイズ063 新幹線車両がやってくる冬しか営業しない季節営業駅は？

> ちょい難問！

> 冬から春のスキーシーズンだけ営業している、カタカナと漢字がつながった駅名だぞ

新幹線クイズ

クイズ 064 超難問！

山陽新幹線開業時、玉島駅は □1□ 駅に、長門一ノ宮駅は □2□ 駅にそれぞれ改名された。□ に入る2つの駅名は？

頭に「新」が付く岡山県と山口県の駅だぞ

2の駅には国鉄初の「動く歩道」が設置された

クイズ 065

新幹線の車両がスイッチバックをおこなう駅が秋田新幹線にある。その駅はどこ？

1＝雫石駅　2＝田沢湖駅　3＝大曲駅

豆知識！　スイッチバックって何？

スイッチバックは、勾配のきつい地形を克服するための鉄道施設です。ジグザグに方向転換しながら進むことで、短い距離で高度を稼ぐことができます。また、勾配に関係なく列車の進行方向が変わることもスイッチバックと呼びます。

クイズ 061 答え
茨城県

東北新幹線は埼玉県と栃木県の間で茨城県五霞町と古河市を通っています。しかし、この2つの自治体のある茨城県内に新幹線の駅はありません。古河市と五霞町は大宮駅と小山駅の間にあり、わずかに茨城県を通っています。周辺は栃木県、群馬県、埼玉県、千葉県の4県に囲まれています。

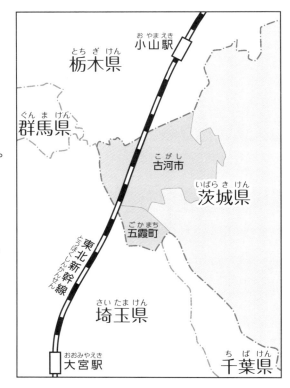

クイズ 062 答え
熱海駅

1974年に設置。通過線のないホームなので、通過列車からお客さんを守るために導入されました。また、比較的近年まで0系の乗降扉に合わせたホームドアでしたが、2011年から2012年にかけて、N700系の乗降扉位置に合わせたホームドアに取り替えられました。

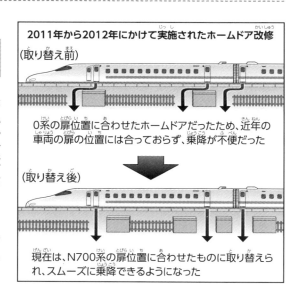

2011年から2012年にかけて実施されたホームドア改修
(取り替え前)
0系の扉位置に合わせたホームドアだったため、近年の車両の扉の位置には合っておらず、乗降が不便だった
(取り替え後)
現在は、N700系の扉位置に合わせたものに取り替えられ、スムーズに乗降できるようになった

クイズ 063 答え
ガーラ湯沢駅

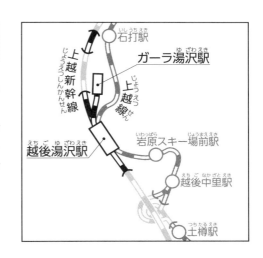

スキー場にダイレクトにアクセスできる駅として有名なガーラ湯沢駅。かつては越後湯沢駅止まりの列車が夜を明かすための留置線でした。そのため、現在も夜間に新幹線車両が留置されています。

クイズ 064 答え
1＝新倉敷駅　2＝新下関駅

新倉敷駅は岡山県倉敷市にある山陽本線との接続駅で、旧駅名は玉島でした。新下関駅も山陽本線との接続駅で旧駅名は長門一ノ宮でした。新下関駅には国鉄初の「動く歩道」が設置されました。

新幹線側の新倉敷駅北口

> ふつうのスイッチバックの理由ではないんだな

クイズ 065 答え
3＝大曲駅

秋田新幹線の大曲駅は勾配に関係なく、駅の配線の都合で上下列車ともスイッチバック（方向転換）します。

クイズ 066
出会ったら幸せになるという伝説がある新幹線は？

クイズ 067
グリーン車より豪華なグランクラスに乗れるのは、東京駅〜新函館北斗駅間と、東京駅〜新潟駅間と、東京駅〜□□□駅間。□□□に入る駅名は？

東北・北海道新幹線の車両と上越・北陸新幹線の車両にあるよ

本革張りの広々とした座席が1+2列で配置されるグランクラス

クイズ 068
JR東日本のALFA-Xってどんな車両？

1＝保線用の車両
2＝高速運転に向けた試験車両
3＝建設用の工務車両

ヒント！ 東北・北海道新幹線での走行に必要なデータを集めている車両だよ

新幹線クイズ

クイズ069 新幹線の空調装置（クーラー＆ヒーター）は車体の床下に搭載されるのが普通なのに、屋根上に搭載されている車両がひとつだけある。それは何系？

車体の小さい新幹線車両だぞ

クイズ070 北陸新幹線で運行しているJR東日本所有のE7系とJR西日本所有のW7系は区別がむずかしいが、よく見ると違いが2つある。正しいものを2つ選んで。

超難問！

1＝パンタグラフの数
2＝車体横のロゴマーク
3＝台車のかたち
4＝運転席窓に表示されている編成番号

車両★クイズ

ドクターイエロー

新幹線電気軌道総合試験車であるJR東海とJR西日本所有のドクターイエロー。定期的に運行されているものの見られる機会が少なく、出会ったら幸せになるという「都市伝説」まであります。

車体色が黄色いことからドクターイエローと名づけられた

敦賀

グランクラスは東北・北海道新幹線のE5系とH5系、上越新幹線・北陸新幹線のE7系とW7系にある設備で、一部の列車では軽食と飲み物のサービスがあります。新幹線のシートは、普通車が2+3列（一部2+2列）、グリーン車が2+2列で、グランクラスが1+2列です。

2＝高速運転に向けた試験電車

2030年度の開業をめざして建設が進められている北海道新幹線の新函館北斗駅〜札幌駅間延伸時のスピードアップを目的とした試験車両です。車両形式はE956形で、「ALFA-X」（アルファエックス）の愛称があります。

試験車のため、両先頭車で形状が異なる。左／東京方1号車。基本的フォルムはE5系に近く、ノーズ長は16m。右／新青森方10号車。実用を度外視した完全な実験的デザインで、ノーズ長は22m

72

新幹線クイズ

クイズ 069 答え
E3系

新幹線車両は、空調装置を床下に搭載することで屋根の高さを低くして、高速走行時の騒音を抑制しています。でも、E3系は車体が小さいミニ新幹線なので、床下に空調装置を収めるスペースがなく、しかたなく屋根上に搭載しています。そのため、E3系は屋根が高い。同じミニ新幹線のE6系とE8系は、技術の進歩で床下機器が小型化されて、床下に搭載できるようになりました。

併結しているE5系より屋根が高いことがわかる

クイズ 070 答え
2＝車体横のロゴマーク　4＝運転席窓に表示されている編成番号

ロゴのデザインは全く同じだけど、文字をよく見るとE7系は「EAST JAPAN」、W7系は「WEST JAPAN」になっています。また、新幹線の運転席窓と先頭車の乗務員扉の窓には必ず編成番号が表示されていて、その最初のアルファベットがFなのがE7系、WなのがW7系です。

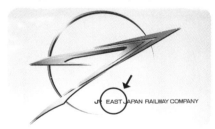 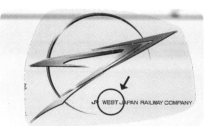

ロゴマーク。左／E7系は「EAST」、右／W7系は「WEST」と書かれている

左／Fの編成番号はE7系、右／Wの編成番号はW7系

この編成番号で見分けるのじゃ！

乗務員扉の編成番号

車両★答え

コラム 歴代新幹線ノーズ長ランキング

第1位　E5系・H5系

新幹線のノーズは、最高速度が高くなるのに比例して長くなっています。これは空気抵抗低減、騒音の抑制、そして乗り心地向上にも効果を発揮します。

第1位　500系

同率第1位

第2位　E6系

第6位　E1系

第3位　E4系

第7位　700系

第4位　N700系

第8位　E2系

第4位　N700S

第8位　E7系・W7系

第5位　800系

第9位　E8系

第 1 位	E5系・H5系	ノーズ長15m／先頭車両長26.50m
	500系	ノーズ長15m／先頭車両長27.00m
第 2 位	E6系	ノーズ長13m／先頭車両長23.075m
第 3 位	E4系	ノーズ長11.5m／先頭車両長25.7m
第 4 位	N700系、N700S	ノーズ長10.7m／先頭車両長27.35m
第 5 位	800系	ノーズ長9.5m／先頭車両長27.35m
第 6 位	E1系	ノーズ長9.4m／先頭車両長26.05m
第 7 位	700系	ノーズ長9.2m／先頭車両長27.35m
第 8 位	E2系	ノーズ長9.1m／先頭車両長25.70m
	E7系・W7系	ノーズ長9.1m／先頭車両長25.75m
第 9 位	E8系	ノーズ長9m／先頭車両長未発表
第10位	300系	ノーズ長6.4m／先頭車両長26.05m
第11位	E3系	ノーズ長6m／先頭車両長23.075m
第12位	400系	ノーズ長5.1m／先頭車両長23.075m
第13位	100系	ノーズ長4.8m／先頭車両長26.05m
	200系200・2000番代	ノーズ長4.8m／先頭車両長26.05m
第14位	200系0・1000番代	ノーズ長4.7m／先頭車両長25.15m
第15位	0系	ノーズ長3.9m／先頭車両長25.15m

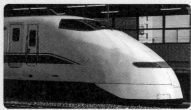

第10位　300系

第11位　E3系

第12位　400系

第13位　100系

第13位　200系200・2000番代

第14位　200系0・1000番代

第15位　0系

クイズ 071
1964年の東京オリンピックに合わせて開業した最初の新幹線は？

1＝東海道新幹線
2＝山陽新幹線
3＝東北新幹線

クイズ 072
東海道新幹線はなぜ大阪駅に向かわずに、新大阪駅が新設されたのか？

超難問！

1＝大阪駅が狭かった　2＝新大阪駅周辺を開発したかった　3＝博多駅へ直線的に向かいたかった

クイズ 073
東海道新幹線が開業した当時の途中駅は現在より5駅少なかった。増えたのはどの駅？

品川、新横浜、小田原、熱海、三島、新富士、静岡、掛川、浜松、豊橋、三河安城、名古屋、岐阜羽島、米原、京都

超難問！

新幹線クイズ

クイズ 074

新大阪駅〜博多駅間の山陽新幹線は、6つの府県を通っています。東側から順に府県名をあげてみよう！

よ〜く地図を見よう！

クイズ 075

1975年3月10日に、山陽新幹線は岡山駅から博多駅へ延伸開業した。現在のこの区間の途中駅は、新倉敷、| 1 |、新尾道、三原、東広島、広島、| 2 |、徳山、新山口、厚狭、新下関、| 3 |である。1、2、3の駅名は？

クイズ 076

新山口駅は2003年10月1日に駅名変更された新幹線駅。それ以前の駅名は何？

クイズ 071 答え
1＝東海道新幹線

東京オリンピック直前の1964年10月1日に東京駅〜新大阪駅間で開業。最初の1年は線路が安定していない箇所があったため、最高速度160km/hで所要時間も4時間かかっていました。1年後には210km/hで所要時間3時間10分になりました。

写真：南 正時

クイズ 072 答え
3＝博多駅へ直線的に向かいたかった

東海道新幹線開業後に博多駅へ延伸する構想がすでにあり、東海道新幹線から直線的に西へ向かえる新大阪駅が新設されました。

大阪駅へはU字型に大きくう回しなければならなかったために新大阪駅が新設された

クイズ 073 答え
品川駅、三島駅、新富士駅、掛川駅、三河安城駅

東海道新幹線の駅の中でいちばん新しい品川駅

三島駅は国鉄時代の1969年に設置され、新幹線開業以来、初めての新駅となりました。新富士駅、掛川駅、三河安城駅は国鉄からJRになったあとの1988年の開業です。品川駅は2003年の開業で、東海道新幹線でいちばん新しい駅です。

新幹線クイズ

クイズ074 答え
大阪府、兵庫県、岡山県、広島県、山口県、福岡県

西日本エリアの本州南岸を瀬戸内海に沿って1府5県を横断します。人口が多く、工業も盛んな都市を山陽新幹線が通っています。

クイズ075 答え
1＝福山、2＝新岩国、3＝小倉

新尾道駅と東広島駅は1988年に、厚狭駅は1999年にそれぞれ開業しました。

福山駅3階の山陽新幹線上りホームからは、目と同じ高さで福山城の天守閣や伏見櫓が見え、人々の目を引きつける

新岩国駅は島式1面と片面式1面の3線構造。この写真は2008年5月撮影でホームには懐かしい100系の姿が見える

新幹線における九州の玄関口となる小倉駅。小倉城口（南口）では、モノレールが駅ビルから出入りする光景が見られる

クイズ076 答え
小郡駅

小郡駅は山陽鉄道時代の1900年に開業したので、100年以上の長い歴史がある駅名でした。

豆知識！ どうして「小郡」から「新山口」に変わったの？

新山口駅は山陽新幹線をはじめ、山陽本線、宇部線、山口線が交差する山口県のターミナル駅です。長らく小郡駅として親しまれてきましたが、2003年から「のぞみ」が停車するようになることから、山口県の玄関口としてアピールするために「新山口」に改称されました。全国の新幹線駅の中で、新幹線開業後に駅名が変わった唯一の駅です。

路線の歴史★答え

クイズ 077

1982年6月23日に開業した東北新幹線の当初の運行区間は、□□□駅から盛岡駅までだった。□□□に入る駅は？

開業当時は埼玉県と岩手県の間で走っていたぞ

東京駅に乗り入れる6年前のことだ

クイズ 078

東北新幹線は1985年3月14日、「東京の北の玄関口」とよばれていた□□□駅まで乗り入れた。□□□に入る駅は？

クイズ 079

2002年12月1日、東北新幹線は盛岡駅から青森県の八戸駅に延伸し、2010年12月4日に同じ青森県の□□□駅まで延伸した。□□□に入る駅は？

北海道新幹線の起点となる駅だぞ

新幹線クイズ

クイズ 080
1997年10月1日に開業した北陸新幹線だが、その起点駅はどこ？

北陸新幹線には東京駅から乗れるが、路線の起点は群馬県の駅なのだ

クイズ 081
北陸新幹線は2024年3月16日、金沢駅から □□□ 駅まで延伸開業した。□□□ に入る駅は？

福井県の駅だぞ

クイズ 082
九州新幹線は2004年3月13日、□□□ 駅〜鹿児島中央駅間が先行開業した。□□□ に入る駅は？

熊本県にある駅。このあと、起点となる博多駅までつながって全線開通したのだ

路線の歴史★クイズ

81

大宮

1982年6月23日に大宮駅〜盛岡駅間が暫定開業しました。1985年までの期間、東北本線の上野駅〜大宮駅間には快速「新幹線リレー号」が運転されました。

上野

東北新幹線は上野駅〜大宮駅間の用地買収に難航し、大宮駅〜盛岡駅間暫定開業となりましたが、1985年3月14日にようやく東京の北のターミナル、上野駅に到達しました。それにあわせて新幹線リレー号も役目を終えました。

豆知識！　新幹線リレー列車の今昔

新幹線リレー列車とは、部分的に開業した新幹線の未開通区間を埋め合わせて、新幹線に乗り継ぐための在来線列車です。その元祖は、1982年〜1985年に上野駅〜大宮駅間で運行された快速「新幹線リレー号」です（東北・上越新幹線に接続）。ほかにも、2004年〜2011年に九州新幹線の未開通区間であった博多駅〜新八代駅間で運行された特急「リレーつばめ」、そして2022年から博多駅〜武雄温泉駅間で運行されている西九州新幹線接続の特急「リレーかもめ」も新幹線リレー列車です。このほか「はこだてライナー」は新幹線リレー列車ではありませんが、新幹線駅の新函館北斗駅から在来線駅の函館駅へ乗り継ぐための列車です。

新青森

1982年6月23日の大宮駅〜盛岡駅間の暫定開業から28年後となる2010年12月4日に新青森駅へ達し、東北新幹線が全通しました。

新幹線クイズ

答え
高崎

1997年10月1日に高崎駅〜長野駅間が開業し、当初は長野行新幹線、長野新幹線とよばれました。1998年2月には長野オリンピックが開催され、観客の輸送に大活躍し、臨時列車も多数運行されました。

答え
敦賀

2015年3月14日に長野駅〜金沢駅間（228.1km）が開業。9年後の2024年3月16日に金沢駅〜敦賀駅間（125.1km）が開業しました。

答え
新八代

九州新幹線は新八代駅〜鹿児島中央駅間が先行開業し、当初はほかの新幹線と接続しない独立した路線でした。2011年3月12日に博多駅〜新八代駅間が開業し、山陽新幹線と結ばれました。

在来線リレー特急と同一ホーム乗り換えができた新八代駅

路線の歴史★答え

クイズ 083 日本でいちばん東を走る特急列車はどれ？

1＝オホーツク　2＝おおぞら　3＝とかち

札幌駅から釧路駅まで運行しているぞ

クイズ 084 日本でいちばん西を走る特急列車はどれ？

1＝ハウステンボス　2＝みどり
3＝リレーかもめ

博多駅から佐世保駅まで運行しているぞ

クイズ 085 日本でいちばん南を走る特急列車は何？

ヒント！　白黒の車体が目立つ観光列車

全問のヒントは表紙の裏にあり！

特急列車クイズ

クイズ 086
日本でいちばん北を走る特急列車は、じつは2つある。その列車は何と何？

日本最北端の駅が終点だぞ

1＝ライラック　2＝宗谷
3＝サロベツ　4＝カムイ

クイズ 087
JR特急でいちばん長い距離を走る特急は何？

東京と山陰地方を結んでいる寝台特急だ

クイズ 088
私鉄特急でいちばん長い距離を走る列車は何？

1＝東武鉄道「リバティ会津」
2＝近畿日本鉄道「しまかぜ」
3＝南海電鉄「こうや」

豪華な設備が人気の列車だぞ

いちばん★クイズ

クイズ083 答え
2＝おおぞら

日本最東端の駅があるのがJR北海道の根室本線。そして途中の釧路駅は、日本最東端の特急停車駅です。だからここまで行く「おおぞら」は、いちばん東を走る特急ということになります。

使用車両はキハ261系1000番代

使用されている車両は783系と885系の2形式

クイズ084 答え
2＝みどり

JR九州の佐世保駅は特急がやってくる最西端の駅。だから、博多駅〜佐世保駅間を運行している「みどり」がいちばん西を走る特急となります。

クイズ085 答え
指宿のたまて箱

普通鉄道最南端駅（西大山駅）がある指宿枕崎線を走るJR九州自慢の観光列車。鹿児島中央駅から指宿駅まで運行しています。「指宿のたまて箱」は不定期運転ですが、毎日運転の定期列車では、宮崎駅〜鹿児島中央駅間の「きりしま」がいちばん南を走っています。

使用されている車両は国鉄時代に製造された貴重なキハ47

特急列車クイズ

クイズ 086 答え

2＝宗谷　3＝サロベツ

「宗谷」は札幌駅〜稚内駅間、「サロベツ」は旭川駅〜稚内駅間を結んでおり、日本最北端駅の稚内駅へ行きます。両列車とも、使用される車両はキハ261系の4両編成です。

車両デザインはデンマーク国鉄との共同制作である

クイズ 087 答え

サンライズ出雲

東京駅〜出雲市駅間を運行している寝台特急で、走行距離は953.6km。ちなみに昼間の特急では、博多駅〜宮崎空港駅間の413.1kmを走る「にちりんシーガイア」が最長です。

ベージュとレッドのツートンの車体デザイン

クイズ 088 答え

2＝しまかぜ

近畿日本鉄道「しまかぜ」は大阪難波駅発、京都駅発、近鉄名古屋駅発の列車があり、すべて賢島駅行きです。このうち京都駅〜賢島駅間を走る列車が最長距離で、走行距離は195.2kmです。

2＋1列のプレミアムシートのほか、グループ席車両（個室、サロン席）、2階建てのカフェ車両があり、ゆったりと伊勢の旅を楽しめる

いちばん★答え

いちばんクイズ

クイズ 089

いちばん編成が長い特急列車は、「サンライズ出雲」と「サンライズ瀬戸」を併結する「サンライズエクスプレス」と、伊豆急下田駅行きと修善寺駅行きを併結する「踊り子」の2列車である。何両編成？

1＝12両編成　2＝14両編成　3＝16両編成

クイズ 090

私鉄の特急列車で最高速度がいちばん速いのはどれ？

1＝小田急電鉄「ロマンスカー」　2＝近畿日本鉄道「しまかぜ」　3＝京成電鉄「スカイライナー」

クイズ 091

2024年8月時点で、表定速度がいちばん速いJR特急は何？

大阪駅〜敦賀駅間で運転されているぞ

> **豆知識！** 表定速度は「運行中の平均速度」
>
> 表定速度は、出発駅から到着駅までの距離を、実際にかかった運転時間で割ることで算出した「運行中の平均速度」といえるものです。最高速度が同じでも、停車駅が多い列車や停車時間が長い列車は表定速度が遅くなります。

特急列車クイズ

路線クイズ

クイズ 092
札幌駅から世界自然遺産知床へ向かうには、どの特急に乗るのが便利？

1＝宗谷　2＝カムイ　3＝オホーツク

道東の海の名前の列車だぞ

クイズ 093
札幌駅から釧路湿原に丹頂鶴を見に行く。「とかち」と「おおぞら」のどちらが便利？

クイズ 094
JR四国の特急形車両2600系は、1つの列車にしか使われていない。その列車名と走行する路線は？

鳴門海峡に発生する自然現象と同じ列車名で、高松駅〜徳島駅間を運行しているぞ

2 = 14両編成

「サンライズエクスプレス」は東京駅~岡山駅間で、出雲市駅行きと高松駅行きを併結した14両編成で運行されています。「踊り子」の一部列車も、東京駅~熱海駅間で、伊豆急下田駅行き（9両）と修善寺駅行き（5両）を併結した14両編成です。

東京駅~岡山駅間で14両編成になる「サンライズエクスプレス」

東京駅~熱海駅間で14両編成になる「踊り子」

3 = 京成電鉄「スカイライナー」

京成「スカイライナー」（京成上野駅~成田空港駅）は、印旛日本医大駅~空港第2ビル駅間で160km/h運転を実施しています。これは私鉄特急だけではなく、現在、JRを含めた在来線特急の最速となっています。

スカイライナーで使用される京成AE形

「サンダーバード」

「サンダーバード」のうちの3つの列車が102.7km/hという最速の表定速度を誇ります。ちなみに歴代最速記録は、JR北海道「スーパー北斗」の106.8km/hです。

特急列車クイズ

クイズ 092 答え
3＝オホーツク

2023年から「オホーツク」「大雪」に使用されているキハ283系ディーゼルカー

「オホーツク」は札幌駅から函館本線・宗谷本線・石北本線経由で網走駅まで走ります。ここで、釧網本線に乗り換えて知床斜里駅で下車します。「カムイ」と「大雪」を旭川駅で乗り継いで行くこともできますが、「オホーツク」が1回乗り換えで便利です。

クイズ 093 答え
おおぞら

「おおぞら」は札幌駅から釧路駅まで直通しています。「とかち」でも行けますが、帯広駅でほかの列車へ乗り継ぎが必要になります。

クイズ 094 答え
列車名＝うずしお　走行路線＝高徳線

2600系は当初土讃線でも運用する予定でしたが、車体傾斜装置を動かす空気が不足することから高徳線の「うずしお」限定になりました。土讃線を走る特急には2700系が投入されています。（車体傾斜装置、2700系については、103ページに説明があります）

クイズ 095
秋田県を走るJRの特急列車を2つ上げてみよう。

表紙裏（後）をめくるとヒントあり！

クイズ 096
4つの特急のうち、長野県を走らないJR特急列車が1つある。それはどれ？

長野県の地理に関係のない名前だ

1＝伊那路　2＝あずさ　3＝しらゆき　4＝しなの

クイズ 097
岐阜県を走るJRの特急は「しらさぎ」のほかに2つある。それは　1　と　2　？

超難問！

岐阜県の有名観光地と長野県の川の名前だぞ

クイズ 098
東京都心から秩父へ行くのに一番便利な私鉄特急は？

ズバリ行き先がヒントだ

特急列車クイズ

クイズ 099

富士山を間近に眺めることができる特急は6つある。以下の写真と列車名と関係する鉄道会社を正しくむすぼう。

 ①
 ②
 ③
 ④
 ⑤
 ⑥

① ●　●「踊り子」　●　● JR東海
② ●　●「富士回遊」　●　● JR東日本・JR東海・伊豆箱根鉄道
③ ●　●「ふじかわ」　●　● JR東日本・富士山麓電気鉄道
④ ●　●「ふじさん」　●　● 富士山麓電気鉄道
⑤ ●　●「富士山ビュー特急」　●　● 小田急電鉄・JR東海
⑥ ●　●「フジサン特急」

路線★クイズ

クイズ 095 答え
つがる(スーパーつがる)といなほ

「つがる(スーパーつがる)」は秋田駅~青森駅間で、「いなほ」は新潟駅~酒田駅・秋田駅間で運行されています。ちなみに「つがる」の一部列車で停車駅を少なくしたのが「スーパーつがる」です。また、秋田新幹線の「こまち」も、厳密には在来線特急なので正解です。

「つがる(スーパーつがる)」に使用されるE751系電車

「いなほ」に使用されるE653系電車は基本的に7両編成

クイズ 096 答え
3=しらゆき

「しらゆき」は、えちごトキめき鉄道妙高はねうまラインの新井駅から新潟駅を結ぶJR特急で、新潟県内だけを走っています。

使用される車両はE653系電車の4両編成

クイズ 097 答え
1=ひだ 2=しなの

「ひだ」に使用されるJR東海初のハイブリッド方式のHC85系

「ひだ」は飛騨地方の観光地・高山から命名、「しなの」は信濃川から命名されました。「しらさぎ」は名古屋駅~敦賀駅間、「ひだ」は名古屋・大阪駅~高山駅・富山駅間、「しなの」は名古屋駅~長野駅間を結び、それぞれ岐阜県を通ります。

「しなの」に使用される383系電車

特急列車クイズ

クイズ 098 答え

ちちぶ

「ちちぶ」は西武鉄道が池袋駅〜西武秩父駅間で運行している特急で、2019年にデビューした001系電車「Laview」を使用しています。

球体を思わす前頭部の形状が側面へと流れる独特な前面デザイン

クイズ 099 答え

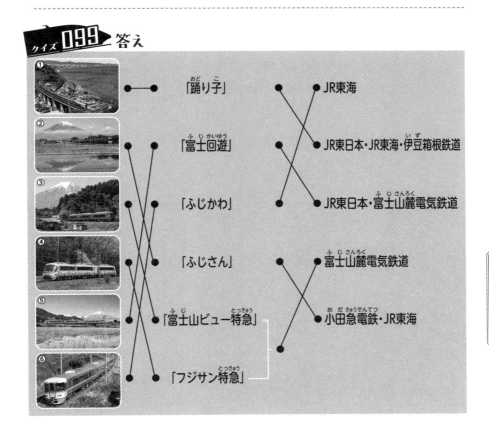

路線 ★ 答え

クイズ100
小田急ロマンスカー10000形HiSEは長野電鉄に譲渡され、温泉地で運行している。その列車名は？

1＝温泉ロマンスカー　2＝温泉紀行
3＝ゆけむり

クイズ101
長野電鉄の特急料金は日本一安い。その値段は？

超格安だ

1＝100円
2＝200円
3＝400円

クイズ102
南アルプスと北アルプスの両方を眺めることができる特急がある。その列車名は？

男性兄弟が歌った昔のヒット曲「□□□□2号」。おじいちゃん、おばあちゃんに聞いてみよう。

特急列車クイズ

クイズ 103
中部国際空港（セントレア）への空港アクセスを担う名古屋鉄道の全車特別車の列車は「ミュー□□□」。□□□に入るカタカナ3文字は？

「空」を英語でなんというかな

クイズ 104
大阪から奈良の有名観光地の吉野へ快適に移動できる近畿日本鉄道の特急□□□ライナー。□□□に入る文字は？

ヒント！ 吉野といえば○○○。この3文字は花の名前だよ

クイズ 105
昼も夜も走るJR西日本の特急列車「WEST EXPRESS □□□」が2022年に登場した。□□□に入る文字は？

星空をイメージした名前だな

路線★クイズ

97

クイズ100 答え
3＝ゆけむり

長野電鉄の特急「ゆけむり」は長野駅〜湯田中駅間で運行。小田急10000形（HiSE）の11連接車体から4連接車体に改造され、1000系として運行しています。

元JR東日本253系の長野電鉄2100系で運行されている「スノーモンキー」

クイズ101 答え
1＝100円

乗車区間に関係なく大人100円・子供50円。座席指定料金も格安で、大人・子供ともに300円。「スノーモンキー」には1室1200円の4人用個室もあります。

クイズ102 答え
あずさ

両方眺められるのは南小谷駅発着の列車で、中央線の日野春駅付近から富士見駅付近にかけて南アルプス、大糸線の梓橋駅付近から白馬大池にかけて北アルプスを眺められます。

南アルプスの甲斐駒ヶ岳

北アルプスの五竜岳と白馬岳

特急列車クイズ

クイズ103 答え
スカイ

「ミュースカイ」は名鉄岐阜駅・新鵜沼駅・新可児駅から名鉄名古屋駅を経由し、中部国際空港（セントレア）をむすぶ全車特別車の列車。使用される2000系は赤い名鉄電車ではなく、白い車体に青色のアクセントが特徴です。

クイズ104 答え
さくら

「さくらライナー」は26000系で運行され、大阪阿倍野橋駅と桜の名所・吉野駅をむすびます。2+1シートのデラックス車両や前面展望スペースも用意されています。

クイズ105 答え
銀河

JR西日本の「WEST EXPRESS 銀河」は、117系電車を改造した特急電車。夜は寝台になる個室をはじめ、かつての寝台特急583系をイメージさせる昼夜兼用の車内設備が自慢です。

路線 ★ 答え

クイズ106 超難問！

前面展望室がある私鉄の特急形車両は3つある。以下の会社名と車両形式を正しくむすんで。

小田急電鉄 ●　　● 1000系
名古屋鉄道 ● 　　● 1000系＋1200系
長野電鉄 　● 　　● 70000形

クイズ107

2023年登場した東武鉄道の新型特急形車両のN100系の愛称は何？

先頭車両にヒントが隠されているぞ

ヒント！ 100系スペーシアの後継モデルで、アルファベット一文字がプラスされた

クイズ108 ちょい難問！

高山本線「ひだ」、紀勢本線「南紀」で走っているハイブリッド車両「HC85系」は「エンジンで発電した　1　で　2　駆動」する。□に入る文字は？

特急列車クイズ

クイズ 109
超難問！

カーブで乗り心地を悪化させずにスピードアップを実現する振り子装置を、日本で最初に搭載した特急形電車は？

1＝国鉄181系　2＝国鉄185系
3＝国鉄381系

クイズ 110
超難問！

1989年に、世界初の振り子式ディーゼルカーのJR四国2000系が登場。この車両の振り子装置には、さらに乗り心地が良くなる機能が追加されました。この振り子装置の名前は何？

急に作動しないようにコントロールする機能だよ

1＝高電圧振り子
2＝連続振り子
3＝制御付き自然振り子

車両★クイズ

クイズ106 答え

小田急電鉄 — 70000形
名古屋鉄道 — 1000系+1200系
長野電鉄 — 1000系

小田急電鉄70000形　　名古屋鉄道1000系+1200系　　長野電鉄1000系

クイズ107 答え

スペーシアX

100系スペーシアに代わる車両でさらに豪華になったこと、外装に鹿沼組子をイメージしたXのデザインが施されているので、この名前がつきました。

クイズ108 答え

1=電気、2=モーター

2022年8月22日デビューしたJR東海の気動車「HC85系」は1台の小型高性能エンジンから発電した電気をもとに、電車のようにモーター駆動で走行します。高効率なシステムにより、ハイブリッド車両では日本初の120km/h運転を実現しました。

102

特急列車クイズ

クイズ109 答え
3＝国鉄381系

日本初の自然振り子式車両として1973年に登場して、2024年までJR伯備線の特急「やくも」に使用されていました。

クイズ110 答え
3＝制御付き自然振り子

381系では車体が傾く時と、傾きが戻る時に急な動きがあり、乗り物酔いの原因になっていました。その急な動きを抑える機能を付けたのが制御付き自然振り子装置で、以後登場する日本の振り子車両はすべてこれになりました。

豆知識！ 「自然振り子装置」「制御付き自然振り子装置」「車体傾斜装置」は、ここが違う

「自然振り子装置」は、車両がカーブにさしかかった時の遠心力によって、台車と車体の間に組み込まれたコロ軸が動いて、車体をカーブの内側に傾ける装置です。これによりカーブの外側に向かう遠心力を打ち消して、乗り心地を良くしながらスピードアップができるのです。（代表的な車両は国鉄381系）

「制御付き自然振り子装置」は、カーブが始まる前から徐々に車体を傾けて振り子の動きを穏やかにするもので、カーブの終わりでも穏やかな動きをします。これにより、さらに乗り心地が良くなります。（代表的な車両はJR四国2700系）

「車体傾斜装置」は、コロ軸を使わずに、台車の空気バネをふくらませて車体を傾ける簡易振り子装置といえるものです。振り子車両ほど車体が傾かないので、カーブの通過スピードは振り子車両よりも少し遅くなります。（代表的な車両はJR東日本E353系）

国鉄381系

JR四国2700系

JR東日本E353系

車両★答え

クイズ 111

1912年に登場した日本で最初の特急列車は、当時の大陸連絡の国際列車の役目もあった。始発駅は新橋駅だが、終点の駅はどこ？

> ふぐが有名で、韓国の釜山へ行く船が発着しているところだ

クイズ 112

超難問！

日本初の愛称名付き特急列車は、1929年に登場した2本の列車だった。その2つの愛称名は？

> ヒント！ 日本一の山と、日本の春の花の名前

クイズ 113

1958年、国鉄最初の特急形電車である151系がデビューし、東京駅〜大阪駅間の日帰りが可能になった。のちにこの車両は、デビュー時の愛称名から「□□形」と呼ばれるようになった。□□に入る名前は何？

> 最初の新幹線の列車名に継承されているぞ

104

特急列車クイズ

クイズ114

京成電鉄のAE形「スカイライナー」よりも前に、在来線で160km/hで走る特急を運行していた路線があった。その特急の列車名と路線名は？

> その列車名は現在も北陸新幹線で使われているぞ

クイズ115

日本で最初に2階建ての特急列車を運行した鉄道会社はどこ？

ヒント！ 三重県の伊勢志摩地方へ向かう列車に使用されたよ

1＝近畿日本鉄道　2＝東武鉄道
3＝名古屋鉄道

クイズ116

日本で最初に前面展望室を採用した特急列車を運行した鉄道会社はどこ？

1＝小田急電鉄　2＝名古屋鉄道
3＝京阪電気鉄道

> スカーレットと呼ばれる真っ赤な車体が特徴だ

歴史★クイズ

クイズ111 答え
下関駅

日本最初の特急は、下関から大陸に渡るための鉄道連絡船「関釜連絡船（現在の関釜航路）」に接続していました。

クイズ112 答え
富士、櫻

運行区間は両列車とも東京駅〜下関駅間で、愛称名は公募で決まりました。

左／「富士」は1・2等車で組成される贅沢な編成で、展望車には富士山を形どったテールマークが取り付けられた。「櫻」は3等車主体の庶民的特急で、最後部客車に緑地にピンクの花を形どったテールマークが取り付けられた。中・右／やがて両列車ともブルートレイン（寝台特急）になり、1985年から、誕生時のテールマークと同じデザインのヘッドマークが装着されるようになりました。

クイズ113 答え
こだま

こだま形の151系は161系、181系と発展していって、のちに181系先頭車2両が485系に改造され、JR九州で1993年まで活躍しました。

始発の大阪駅にたたずむ151系「こだま」。当時は東京駅〜大阪駅を6時間50分でむすんでいた　　写真：南　正person

特急列車クイズ

クイズ114 答え

列車名＝はくたか　路線名＝北越急行ほくほく線

681系と683系を使用する列車が160km/h運転を実施していました。当時の「はくたか」は越後湯沢駅〜金沢駅間を北越急行経由で運行され、上越新幹線と接続して首都圏と北陸を最速でむすんでいましたが、2015年の北陸新幹線金沢駅開業で廃止になりました。

クイズ115 答え

1＝近畿日本鉄道

30000系ビスタEX

2階建て車両の代名詞といえるビスタカーの10000系が1958年に登場。現在も30000系ビスタEXや50000系「しまかぜ」に、2階建て車両の伝統が引き継がれています。

クイズ116 答え

2＝名古屋鉄道

1961年に登場した7000系が最初。運転室を2階に移した前面展望構造を初めて採用して、「パノラマカー」とよばれて親しまれました。

クイズ 001 答え

① 南海電鉄 50000 系「ラピート」

運行区間はなんば駅〜関西空港駅。1994年に登場した関西空港アクセス特急で、まるで宇宙船のような斬新なデザインが特徴です。

② 京都丹後鉄道 KTR8000 形「特急はしだて」など

特急「はしだて」のほか、「まいづる」「たんごリレー」で運行。JR線に直通する特急形気動車で、2017年のリニューアルで現在の姿になりました。

③ JR九州 883 系「ソニック」

博多駅〜大分駅間の「ソニック」で運行。1994年登場の振り子電車で、斬新なデザインで「ワンダーランドエクスプレス」ともよばれました。

クイズ 002 答え

① JR九州キハ 185 系「あそ」

博多駅〜別府駅間の「ゆふ」、熊本駅〜別府駅間の「九州横断特急」、熊本駅〜宮地駅間の「あそ」で運行。定期運行する最後の国鉄特急形車両です。

② 小田急電鉄 70000 形 GSE

主に新宿駅〜箱根湯本駅の「はこね」で運行。小田急伝統の前面展望席構造を持つロマンスカーとして2018年3月に登場しました。

③ 近畿日本鉄道 80000 系「ひのとり」

主に大阪難波駅〜近鉄名古屋駅間で運行。2020年3月に登場した名阪特急用車両で、本革のプレミアムシートなど豪華な内装も人気です。

特急列車クイズ

クイズ 003 答え

① JR九州783系「ハウステンボス」

博多駅〜ハウステンボス駅間で運行。783系は1988年に登場した特急形電車で、オレンジ色のハウステンボス色の登場は2017年です。

② JR九州キハ71・72系「ゆふいんの森」

博多駅〜由布院駅・別府駅間で運行。1989年にキハ71系で運行を開始し、好評だったことから1999年にキハ72系が追加投入されました。(写真はキハ72系)

③ 西武鉄道001系ラビュー

池袋線・秩父線の「ちちぶ」「むさし」で運行。2019年に登場し、斬新なシルバーボディと大きな客窓が人気。

クイズ 004 答え

① 「ゆったりやくも色」
② 「緑やくも色」
③ 「国鉄色」
④ 「スーパーやくも色」

1982年の伯備線電化で「やくも」に投入された381系は、当初はもちろん国鉄色でした。1994年に「スーパーやくも」が設定されたのに合わせて、紫色ベースのスーパーやくも色が登場しました。そして通常の「やくも」用として、1997年に緑やくも色が登場し、国鉄色はすべてこの色に塗り替えられました。その後2007年に、「やくも」用381系のリニューアルに合わせてゆったりやくも色が登場。やがて「スーパーやくも」の運行が取り止めとなり、2011年にはすべてゆったりやくも色になりました。そして、2022年から381系引退記念のリバイバルカラーとして国鉄色、スーパーやくも色、緑やくも色が復活し、最後の活躍に華を添えました。

クイズ005 答え
2＝60000形MSE

60000形の愛称であるMSEはMulti Super Expressの略で、マルチ（多彩）な運行が可能な車両という意味が込められています。「メトロはこね」で東京地下鉄千代田線に乗り入れたり、「ふじさん」でJR御殿場線に乗り入れるなど、まさにマルチな活躍をしています。メタリック調のフェルメールブルーの車体色も特徴です。

クイズ006 答え
2＝近畿日本鉄道16000系

近鉄に残る1970年製

大井川鐵道に譲渡された1966年製

近畿日本鉄道（近鉄）16000系は1965年に最初の編成が登場。1970年製造のY07編成が現役で特急に運用される最古の車両で、近鉄南大阪線・吉野線で運行しています。また、1966年製造の16000系が大井川鐵道で活躍しています。

クイズ007 答え
3＝JR九州783系

ハイパーサルーンの愛称とともに1988年に登場したJR九州の特急形電車。JR東日本の651系（すでに引退）と同世代の、JRグループ発足後最初に登場した特急形電車です。「有明」「かもめ」「にちりん」などで九州の電化区間で広く活躍し、2024年時点では「みどり」「ハウステンボス」「きらめき」「かささぎ」に運用されています。

新幹線・特急列車クイズ

 答え

西九州新幹線

武雄温泉駅〜長崎駅間のわずか66.0kmをむすぶ短距離の新幹線で、最速の「かもめ」は23分で走破しています。

 答え

1＝東北新幹線

東北新幹線は東京駅〜新青森駅間をむすび、その路線距離は674.9kmです。最高速度320km/hの「はやぶさ」は、この距離を最速2時間58分で走破します。

 答え

岩手県

一ノ関、水沢江刺、北上、新花巻、盛岡、いわて沼宮内、二戸の7駅がある。第2位は静岡県で熱海、三島、新富士、静岡、掛川、浜松の6駅です。

 答え

10路線

北から北海道新幹線、東北新幹線、秋田新幹線、山形新幹線、上越新幹線、北陸新幹線、東海道新幹線、山陽新幹線、九州新幹線、西九州新幹線の10路線です。

 答え

14県

千葉県、山梨県、三重県、奈良県、和歌山県、鳥取県、島根県、徳島県、香川県、高知県、愛媛県、大分県、宮崎県、沖縄県の14県です。

 答え

JR四国

瀬戸大橋が新幹線対応になっているので、将来四国にも新幹線が走るかもしれません。

日本一周 鉄道クイズの旅
① 新幹線・特急列車編

2024年8月初版
2024年8月第1刷発行

出題・文	鉄道クイズの旅研究部（編集会議内）
イラスト・作図	中山けーしょー
写真	伊坂和夫、石沢太一、伊藤岳志、南 正時
編集	有限会社編集会議
	伊藤岳志、川瀬修一、新川栄一

発行者　鈴木博喜
発行所　株式会社理論社
　　　　〒101-0062　東京都千代田区神田駿河台2-5
　　　　電話　営業 03-6264-8890　編集 03-6264-8891
　　　　URL　https://www.rironsha.com

表紙デザイン	中山けーしょー
本文デザイン	アジュール
印刷・製本	中央精版印刷
企画	小宮山民人

©2024 Rironsha Printed in Japan
ISBN978-4-652-20642-3　NDC686　A5判　22cm 111P

落丁・乱丁本は送料小社負担にてお取り替えいたします。
本書の無断複製（コピー、スキャン、デジタル化等）は著作権法の例外を除き禁じられています。私的利用を目的とする場合でも、代行業者等の第三者に依頼してスキャンやデジタル化することは認められておりません。

特急列車
列車運行区間
→近畿地域〜北海道・東北地域

■近畿・北陸地域／JR・第三セクター線特急列車運行区間
サンダーバード：大阪〜敦賀

■北陸地域／JR・第三セクター線特急列車運行区間
能登かがり火・花嫁のれん：金沢〜和倉温泉

■北陸・東海地域／JR・第三セクター線特急列車運行区間
しらさぎ：名古屋・米原〜敦賀

■近畿・東海地域／JR・第三セクター線特急列車運行区間
南紀：名古屋〜新宮・紀伊勝浦

■近畿・東海・北陸地域／JR・第三セクター線特急列車運行区間
ひだ：名古屋・大阪〜高山・富山など

■東海・甲信越地域／JR・第三セクター線特急列車運行区間
しなの：名古屋〜長野
伊那路：豊橋〜飯田
ふじかわ：静岡〜甲府

●名古屋鉄道
ミュースカイ：名鉄岐阜・新鵜沼〜中部国際空港など
快速特急・特急：名鉄岐阜・新鵜沼・佐屋〜豊橋・中部国際空港・河和・内海・吉良吉田

●富士急行線
富士山ビュー特急・フジサン特急：大月〜河口湖

●長野電鉄
特急ゆけむり・スノーモンキー・特急ゆけむりのんびり号：長野〜信州中野・湯田中など

●富山地方鉄道
くろべ・うなづき・アルペン・立山：電鉄富山〜立山・電鉄黒部〜宇奈月温泉

■東海・南関東地域／JR・第三セクター線特急列車運行区間
ふじさん：新宿〜御殿場
サフィール踊り子・踊り子：池袋・東京〜伊豆急下田・修善寺など
湘南：東京・新宿〜小田原など

■関東・北関東・甲信越地域／JR・第三セクター線特急列車運行区間
あずさ：千葉・東京・新宿〜松本・南小谷
かいじ：東京・新宿〜甲府・竜王
富士回遊：千葉・新宿〜河口湖
草津・四万：上野〜長野原草津口
あかぎ：新宿・上野〜本庄・高崎
スペーシア日光・きぬがわ：新宿〜東武日光・鬼怒川温泉